Karlheinz A. Geißler

Einladung zur Langsamkeit

KARLHEINZ A. GEISSLER

Einladung zur
Langsamkeit

KREUZ

© KREUZ VERLAG
in der Verlag Herder GmbH, Freiburg im Breisgau 2012
Alle Rechte vorbehalten
www.kreuz-verlag.de

Umschlaggestaltung: agentur IDee
Umschlagmotiv: © shutterstock

Satz: Arnold & Domnick, Leipzig
Herstellung: fgb · freiburger graphische betriebe
www.fgb.de

Printed in Germany

ISBN 978-3-451-61165-0

*I*nhalt

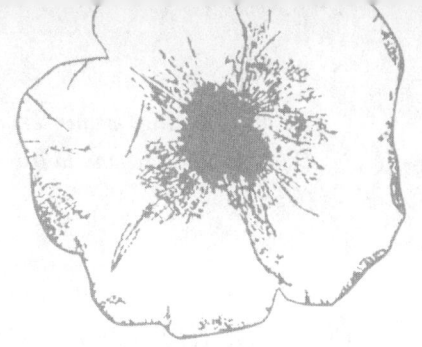

Die Zeit ist blau

Die Zeit ist blau
Kann aber auch grün sein
Am Mittwoch ist sie grün
Und am Sonntag ist sie blau
Und am Donnerstag ist sie rot
Freitag ist sie gelb
Montag ist keine Zeit
Am Dienstag ist Zeit weiß – dunkles Weiß

(Lou Koch, 6 Jahre)

Du bist sehr eilig, meiner Treu!
Du suchst die Tür und läufst vorbei."
(Goethe)

Bach in der U-Bahn

Angezogen wie ein Straßenmusikant begab sich der weltberühmte amerikanische Geiger Joshua Bell im Januar 2007 zur morgendlichen Rush-hour in eine der am stärksten frequentierten U-Bahn-Stationen Washingtons. Dort begann er auf seiner Stradivari Bachs „Chaconne in d-Moll" zu spielen. Völlig unbeeindruckt von der Musik und ganz offensichtlich taub für die herrlichen Klänge, hasteten die Fahrgäste an dem großartigen Hörerlebnis vorbei. Der 64. Passant erst bremste seinen Lauf, hielt kurz inne und warf Bell ein paar Cent in den Geigenkasten, um sogleich weiterzueilen. Nach 43 Minuten, Bell hatte sein Geigenspiel an dem ungewöhnlichen Ort soeben beendet, waren mehr als tausend Passanten an ihm und seiner Musik vorbeigehastet. Nur einige wenige hatten ihre Schritte verlangsamt und für einen kurzen Moment innegehalten. Im Geigenkasten lagen gerade einmal 32,17 Dollar.

Ein mutiges, zur Nachdenklichkeit auffordendes Experiment. Die Tür zum Paradies, zum Zaubergarten der Musik, steht offen, und nur ganz wenige haben die Einladung angenommen. Kaum einer der Vorbeikommenden blieb stehen und hörte zu, annähernd alle hetzten vorbei. Mit routiniertem Tunnelblick und angelerntem Tunnelgehör hasten sie durch ihr Leben und verpassen das ihnen so nahe und naheliegende Schöne. Sie hören nichts, sie sehen nichts, sie fühlen nichts. „Wegen der Ungeduld", so der an solcher Ignoranz verzweifelnde Franz

Kafka in seinem Tagebuch, „sind die Menschen aus dem Paradies vertrieben worden, wegen der Ungeduld kehren sie auch nicht zurück."

Eindrucksvoll hat Bell in seinem Experiment demonstriert: Kafka hat recht. Wer immer nur hastet, nicht hin und wieder einmal innehalten kann und ununterbrochen zur Eile gezwungen wird, überhört und übersieht das Nahe und das Naheliegende, bekommt die Schönheiten dieser Welt nicht zu Gesicht und nicht zu Gehör.

Den Atem der Dinge, den Atem derer, die einem nahestehen, den spüren nur die, die sich zögernd und langsam Stück für Stück annähern, die geduldig zuhören, sich interessiert zuwenden und gelassen reagieren. Nur so haben Gerechtigkeit, Gewissenhaftigkeit und Verantwortungsbewusstsein, aber auch Schönheit und Genuss eine realistische Chance zur Entfaltung.

Kein Zweifel, es wird zu schnell gelebt. Die Gischt der Beschleunigung durchnässt die bestgeschützten Stellen unserer Zeitzivilisation bis auf die Haut. Die abnehmende Zahl derer, die sich Kinder leistet und sich dann auch noch Zeit für sie nimmt, muss damit rechnen, in ihrem Berufsleben und bei der Karriere benachteiligt zu werden. Zeitnot, Hetze und Zeitdruck entsprechen dem Zeitgeist, sie gelten als fortschrittlich, chic und zeitgemäß. Die Prämien bekommen die Hastigen und Eiligen, die Fixen und Gestressten. Sie werden bewundert und als Repräsentanten einer vom Erfolg verwöhnten Elite verehrt. Der rasende Geist der Zeiten bejubelt das Schnellsein in all seinen Formen und Ausprägungen. Ganz besonders aber hat es ihm das schnelle Geld angetan. „Die Zeit drängt, die Zukunft wartet nicht auf Langsame", lautet sein aggressives Credo. An den Sonnenstrahlen des ihnen zuge-

schriebenen Prädikats von „Überfliegern"
können sich diejenigen wärmen, die auf
schnurgeradem Weg mit dem schnellsten
Fortbewegungsmittel ihre Ziele in möglichst
kurzer Zeit erreichen. Was sie bei ihrem
Parforceritt durch die vielfältigen Zeitlandschaften jedoch verpassen, was ihnen fremd
bleibt, sind die wohltemperierten Oasen der
Zeit, die kleinen Schauer des Zeitenglücks,
die Zeitgärten des Wohlgeschmacks und die
klangvollen Obertöne der Zeit. Sie allein
sorgen dafür, dass man nicht an der offenen
Tür zu den blühenden Gärten der paradie-
sischen Muße vorbeihastet, sondern Einlass
findet und in ihnen verweilen darf.

Die Tür steht offen. Entdecken aber werden sie nur die, die sich ihr in gemessenem
Schritt nähern und dabei achtgeben, von
den Schnellen nicht abgedrängt, überrannt,
überrumpelt oder zur Seite geschoben zu
werden.

Als die Hast noch
albern war

Es ist gerade einmal 200 Jahre her, dass der
große französische Staatsmann Talleyrand
einen Verhandlungspartner, der es eilig
hatte, mit dem Hinweis ausbremste: „Hast
und Unruhe kennen wir nicht ... denn es ist
albern." Hätte Talleyrand – ein ungewöhn-
lich langes Leben unterstellt – heute, wo es
uns nicht schnell genug gehen kann, in der
Politik noch etwas zu sagen, käme er zu
nichts anderem mehr, als sich unentwegt
diese und ähnliche Albernheiten zu verbit-
ten. Auch müsste er dabei, was seiner Art
ganz und gar nicht entsprach, recht laut
werden, um überhaupt eine Chance zu haben, Gehör zu finden. Und würde er
schließlich wahrgenommen, dann könnte
er aller Voraussicht nach nicht mit einer

allzu großen Resonanz rechnen. Die Zeiten sind vorbei, in denen Oscar Wildes Feststellung, die Eile sei eine der lächerlichsten aller Lächerlichkeiten, noch Wirkung erzielen würde.

Vom Aussterben bedroht ist auch der Gentleman, der – schlecht eingedeutscht – zum „Ehrenmann" gemacht wurde. Mit seinem Verschwinden hat sich nicht nur der ruhiggelassene Blick auf die Dinge und auf das Geschehen verflüchtigt, sondern zugleich auch die Empfehlung in englischen Benimmbüchern: „A gentleman will walk but never run".

Dabei waren – die Schulbücher hüllen sich nicht ohne Grund darüber in Schweigen – in annähernd allen Hochkulturen die Geduld, die Gelassenheit, die Beharrlichkeit und auch die Langsamkeit demonstrative Zeichen von Würde, Klugheit, Souveränität und Selbstachtung.

Nicht nur die Zeitgenossen Talleyrands hatten ein durchaus positives Verhältnis zur Langsamkeit. Auch die Gelehrten der Antike schätzten neben der aktiven Daseinsgestaltung, ein beschauliches, besinnliches Leben: die würdige Muße. Die der vita activa im Ansehen gleichgestellte vita contemplativa sah man als unverzichtbaren Bestandteil des Lebensvollzuges.

Nichtstun in Würde war ein durchaus anerkanntes und geschätztes Verhalten. Das galt besonders für die asketische Form, wie sie Diogenes praktizierte, der auf irdische Güter verzichtete, um ganz bei sich sein und bleiben zu können. Wie die Legende berichtet, wurde das auch von Alexander dem Großen anerkannt und bewundert. Man hat dieser Daseinsform des scheinbaren Nichtstuns den Wert und das Ansehen der Muße zuerkannt. Einer Muße, in der Sokrates die „Schwester der Freiheit" sah.

In der mittelalterlichen Philosophie und Theologie hatte die vita contemplativa einen hohen, einen der Arbeit, der vita activa, zumindest gleichgestellten, zuweilen sogar übergeordneten Status. Sogar der strenge Thomas von Aquin gab ihr den Vorzug: „Es ist also zu sagen, dass das beschauliche Leben schlechthin besser ist als das tätige Leben."

Die vita contemplativa kam dem, was wir heute gemeinhin mit Muße bezeichnen, sehr nahe, da sie dem schauenden und dem beschaulichen Dasein einen hohen Stellenwert einräumt. Erst in der Epoche der verschärften Moderne, dem Zeitalter der Beschleunigung, verliert sich diese positive Wertschätzung. Heute, wo das Wort „Muße" kaum mehr im Alltag auftaucht, glaubt man das, was sie verspricht, irrtümlich durch die ungleich trivialere und erheblich weniger inspirative „Entschleunigung" ersetzen zu können.

In buddhistisch geprägten Gesellschaften und Kulturen – und ähnlich dachten auch die Griechen und mit Abstrichen auch die Römer – gilt die Muße als die Voraussetzung einer vollkommenen, einer glücklichen und zufriedenstellenden und zufrieden machenden Existenz. Auch das Nichtstun hat dort, vergleichbar mit den Pausen in der Musik, eine die irdische Existenz rhythmisierende konstruktive Funktion. Auch das ging in der Neuzeit mehr und mehr verloren. Wer bringt es heutzutage noch fertig, sich ohne schlechtes Gewissen auf einer Parkbank niederzulassen, um die Gedanken einfach einmal ungelenkt, ziel- und zwecklos schweifen zu lassen und zuzusehen, wie die Zeit vergeht und umgehend neue nachkommt?

Gehetzt und schnell

Mit dem Beginn der Neuzeit, markiert durch
die Entdeckung Amerikas und die zum Teil
dramatischen Ereignisse der Kirchenspal-
tung, verändert sich der Blick auf die Welt
und mit diesem auch der auf Raum und
Zeit. Es kommt in diesem Zusammenhang
zu einer Aufwertung von Arbeit und des Ar-
beitsbegriffs und im Rahmen dessen dann zu
einer Neubewertung der vita contemplativa
und der Muße. Missbilligung, nicht selten
auch Diffamierung trifft diejenigen Personen, die sich, was ihren Fleiß und ihren Ar-
beitseifer anging, eher zurückhielten.

Die mechanische Uhr erfuhr schon kurz
nach ihrer Erfindung eine überaus rasche
Verbreitung. Sie veränderte das Zeitver-
ständnis, die Zeitwahrnehmung und das
Zeitleben in radikaler Art und Weise. Eine
bis dahin unbekannte, abstrakte, von Er-

fahrungen, Erlebnissen und Naturabläufen völlig unabhängige, rein quantitative Zeit setzte sich mehr und mehr durch und prägte zunehmend die Zeitmaßstäbe des Alltagshandelns. Erstmalig in der Geschichte wurde „Zeit" – und die Art des Umgangs mit ihr – zu einem öffentlich diskutierten Thema. Erstmalig auch stellte und hörte man die Frage: Wie viel Uhr ist es? Hatte man schließlich eine Antwort darauf gefunden, stellte sich sogleich die nächste Frage: Was tun mit der Zeit? Die dann nicht das taten, was ihnen von den über sie Herrschenden vorgegeben wurde und was Tradition und Kirche ihnen vorschrieben, wurden zu Müßiggängern abgestempelt.

Nicht ohne Folgen: Die Welt, wie wir sie heute erleben, ist eine gehetzte, eine schnelle und eine eilige Welt, in der das, was fix vonstatten geht, als gut, was langsam vorangeht jedoch als schlecht angesehen wird. Mit Karriere, Geld- und Güterwohlstand belohnt werden die Schnellen und die Raschen, die Ungeduldigen und die Drängler, die Vorlauten und die Aufschneider, prämiert und gefördert die „Überflieger". Wo es realistisch scheint, dem Alltag noch ein wenig mehr Tempo zu geben, wird dies durch Beschleunigung und Zeitverdichtung sogleich in Angriff genommen. Die dem Kapitalismus wie ein Wasserzeichen eingeschriebenen Wachstums- und Beschleunigungsdynamiken und der Zwang, möglichst alle Probleme durch Expansion zu lösen, legitimieren den Kampf gegen alles Langsame, Geduldige, Besinnliche und Genügsame.

Die inzwischen rundum modernisierte Welt bietet ihren Zeitgenossen und Zeitgenossinnen nur noch ein einziges zeitliches Verhaltensmodell an, das Muster „Eile". Was die

Frage aufwirft, ob wir für diese Welt, die wir uns geschaffen haben, auch wirklich geschaffen sind. War es wirklich unser Ziel, in einer Zeitkultur anzukommen, in der es den Langsamen, den Älteren, den Fußkranken und diejenigen, die beim Gehen auf Krücken angewiesen sind, beim Überqueren einer Straße den Angstschweiß auf die Stirn treibt, weil in der Mitte ihres Weges die Fußgängerampel bereits auf „Rot" springt?

Doch nicht nur das. Die Menschen sind, zuweilen durchaus auch zu Recht, stolz auf ihren Fortschritt, der sich vom bürgerlichen Fort-„Schreiten" zum permanenten Fort-„Rennen" beschleunigt hat. Sie feiern das Tempo, bejubeln jeden Rekord und belohnen die Schnellen. Sie verachten die Zögernden, die Abwartenden und die Langsamen. Sie belächeln und machen sich über die Geduldigen, die Zurückhaltenden und die Nachdenklichen lustig.

Das ist nun einmal der Preis, den wir zu zahlen verdammt und zugleich zu zahlen bereit sind, seit wir uns auf das Zeit-ist-Geld-Spiel und das „Höher-weiter-schneller"-Prinzip in annähernd allen Lebensbereichen eingelassen haben. Obgleich wir wissen und es täglich erleben, dass in einer schneller und schneller werdenden Welt das Risiko, das Gleichgewicht und die Orientierung zu verlieren, in breitem Maße wächst.

Verloren geht dabei die Erfahrung einer lebendigen Zeitvielfalt, die den nicht-beschleunigbaren Zeitqualitäten die gleiche Wertigkeit zugesteht wie den beschleunigbaren. Zwar wächst mit steigendem Tempo die Menge der Erfahrungen, zugleich aber werden diese flacher, kurzfristiger, inhaltlich ärmer und langweiliger. Verdrängt werden die Opfer, die der herrschende Tempowahn, der sich mit dem Prädikat

„fortschrittlich" schmückt, als Schleppe hinter sich herzieht. Der auf einen „Beschleunigungsfortschritt" eingedampfte Fortschritt zerstört eine nicht unerhebliche Zahl an jenen Zeitformen und Zeitqualitäten, die die Zeiterfahrung und die Zeitwahrnehmung und damit das Dasein reicher, zeitsatter und bunter machen.

Längst hat sich die Beschleunigung zu einem ziellosen Selbstläufer entwickelt. Die sich bis in die feinsten Poren des Alltags ausbreitende Zeit-ist-Geld-Mentalität hat die Geduld und die Langsamkeit in die Flucht geschlagen. Scheuen Tieren gleich, verkriechen sie sich ins Unterholz unzugänglicher Regionen und lassen sich nur mehr selten blicken.

Vorbei die Zeiten, als Kinder, denen es nicht fix genug ging, von ihren Eltern die weise Mahnung auf ihren Lebensweg mitbekamen, die Eile mit der Weile, und das hieß immer auch mit Sorgfalt und Gründlichkeit, zu kombinieren.

Vergangen auch die Zeiten, in denen Schnelligkeit, Eile und Hast noch der Ruf einer Dienstbotentugend anhaftete. Sie sind nicht etwa deshalb vorüber, weil heutzutage keine Dienstboten mehr zu bekommen sind, sondern weil wir heute längst alle Dienstboten sind, Dienstboten unserer fixen Geräte und Instrumente. Wir sind zu einem Volk von Rasern, Geschwindigkeitsübertretern und Hyperaktiven geworden. Die Eile, die Hast und das Gerenne sind in unserer Zeit demokratisiert und haben selbst zugleich die Gesellschaft demokratisiert. Allesamt sind wir Dienstboten, Domestiken einer täglich wachsenden Armada von Kleingeräten, die ihre Nutzer pausenlos durch den Alltag schubsen. Ihre Knöpfe, ihre Tasten und Schalter harren rund um die Uhr darauf, von ihren Eignern bedient zu werden. Wo das vergessen wird, melden sie sich umgehend und verlangen von ihren Besitzern, dass die sich schleunigst um sie kümmern. Man kann mit diesen Zaubergeräten annähernd alles machen, einzig langsamer kann man sie nicht machen. Und so wächst der Zeitstress unentwegt und der Entscheidungsdruck gleich mit. Er steigt und steigt, wird umfangreicher und umfassender zugleich, bis schließlich Naivität und Leichtgläubigkeit zur Einsicht zwingen, dass das, was man besitzt, auch einen selbst besitzt.

Die ganze Welt – ein Tempodrom

Bei allen Vorteilen, die uns die großartige Erfindung des Rades 4000 Jahre vor Beginn unserer Zeitrechnung bis heute beschert hat, sollte man nicht ganz vergessen, dass die dem Menschen von der Evolution mitgegebene Mobilitätshilfe, die wir „Bein" nennen, bereits erheblich länger existiert. Doch irgendwie scheint das immer mehr in Vergessenheit zu geraten. Wer heutzutage das Risiko eingrenzen will, sein Leben möglicherweise am Rande der Gesellschaft zubringen zu müssen, kommt nicht umhin, sich selbst, dem Leben und den Dingen mehr Tempo, als die Beine hergeben, zu verleihen. Der Sachverhalt, dass der Mensch in der Lage ist, zu beschleunigen, dass er, wenn er will, schneller sein kann als die Natur es eigentlich vorgesehen hatte, dass er Gas geben und aufs Tempo drücken kann, ist freilich nicht nur ein Fluch, das ist auch ein nicht zu unterschätzender Segen. Ein Fluch aber ist, dass er nicht nur schnell, sondern auch *zu* schnell sein kann, dass er *zu viel* Gas zu geben und *ein überhöhtes* Tempo einzuschlagen fähig ist. Das ist schließlich auch der Grund dafür, dass sich die Deutsche Verkehrswacht und die Institutionen des Arbeitsschutzes regelmäßig zu Warnhinweisen aufgefordert sehen, die Grenzen und die Maße der Geschwindigkeit nicht allzu leichtfertig auszutesten. In dem am Rande von Schnellstraßen plakatierten und an den einschlägigen Informationsbrettern des betrieblichen Werkschutzes angebrachten Hinweis: „Nimm Dir Zeit und nicht das Leben" verbirgt sich die bedenkenswerte Botschaft, dass Schnelligkeit, Eile und Hetze dort höchst gefährlich werden, wo sie mit

Übereilung und Maßlosigkeit einhergehen. Doch die Wirkung solcher und ähnlicher Mahnungen ist gering. Wie wenig ernst sie genommen werden, zeigt sich nicht zuletzt in der Gleichgültigkeit, mit der Jahr für Jahr die Opferzahlen des Straßenverkehrs zur Kenntnis genommen werden. Addiert man die Zahlen der Toten von Beginn der Motorisierung bis heute, übersteigt die Summe der Verkehrstoten inzwischen die der Kriegstoten des Zweiten Weltkriegs. Selbst ein solcher Vergleich hält die Gesetzgeber nicht davon ab, auch weiterhin aufs Gas zu drücken und – ein Wort so lang wie die Autobahn – ein „Verkehrswegebeschleunigungsgesetz" auf den Schnellweg zu bringen. Da bleibt dann in einer Zeit, in der jede Abgeschiedenheit einen nahen Autobahnanschluss vorweisen kann, nur mehr der tröstende Hinweis des Münchner Volksphilosophen Karl Valentin, dass die Autobahn glücklicherweise nicht so breit wie lang ist – noch nicht. Wir haben uns an einen Alltag gewöhnt, in dem wir stets haarscharf am Unfall vorbeileben. Annähernd viertausend Zeitgenossen und Zeitgenossinnen schaffen das jährlich nicht. Die Raserideologie – sie verschafft sich mit dem Slogan „Freie Fahrt für freie Bürger" Gehör – führt nicht, wie gerne unterstellt, zu mehr Freiheit, sondern zu ihrem Gegenteil.

Symptomatisch für die Gedanken- und Bedenkenlosigkeit, mit der wir heutzutage das Langsame und die Langsamen abdrängen und ausgrenzen, sind die Warnhinweise des Verkehrsfunks. Gewarnt wird dort häufig vor langsam fahrenden Kraftfahrzeugen. Keine Meldung wert hingegen sind Autofahrer, die zu schnell unterwegs sind, Raser, die Tempolimits ignorieren, obgleich doch von diesen eine ungleich größere Gefahr ausgeht als von langsam fahrenden Verkehrsteilnehmern. Symptomatisch für unseren Umgang mit Zeit ist auch die Umbenennung der ersten, vom Bayrischen Rundfunk 1955 ausgestrahlten Autofahrer-Sendung von „Nimm's Gas weg!" in „Gute Fahrt" im Jahr 1959. Auch die in Bayern hin und wieder zu hörenden Warnhinweise auf Wallfahrer, die sich in Richtung Altötting fortbewegen, sind nur in einer Gesellschaft möglich, die Langsame, wenn überhaupt, nur mehr am Straßenrand toleriert. Anlass zur Verwunderung gibt nicht die Tatsache, dass solche Warnungen überhaupt gesendet werden, befremdlich ist vielmehr die Selbstverständlichkeit, mit der das getan wird. Zur Erinnerung: Der Mensch wird nicht als Autofahrer, sondern als Fußgänger geboren, und dieser geborene Fußgänger ist, so scheint es zumindest, in neuerer Zeit zu einem Störelement, einer Art Systemdefekt geworden, vor dem es zu warnen gilt. Eine auf der nach oben offenen Zynismusskala noch höhere Position nehmen die an Fußgängerübergängen im Umfeld von Friedhöfen anzutreffenden Warnschilder mit der Aufschrift: „Vorsicht Senioren!" ein. So zynisch sie sind, so notwendig sind sie leider auch. Die Süddeutsche Zeitung, die sich in diesem Fall auf eine Polizeistatistik beruft, zeigt sich „besorgt über die große Zahl von Unfällen, an denen Fußgänger beteiligt sind." Sie meldet fürs Berichtsjahr 16 Tote und 716 zum Teil schwer verletze Fußgänger allein für die bayerische Landeshauptstadt München. Die hilflose, an Zynismus grenzende Reaktion der Polizei: Sie bittet die Fußgänger „um ein verkehrsgerechtes Verhalten". Konkret heißt das: „Beeilt Euch gefälligst, wenn Ihr die Straße überquert!"

Die Missionare der „Schneller-ist-besser"-Religion jedoch irren sich. Das gute Leben ist nicht das Ergebnis eines möglichst hohen

Tempos. Das lehrt uns sowohl das Märchen vom Hasen und dem Igel als auch die Überlieferung vom tragischen Schicksal des sich zu Tode hetzenden Boten, der den Athenern die Nachricht von ihrem Sieg in der Schlacht von Marathon überbracht hat. Die Schnellen, das die Botschaft von beiden Geschichten, sind nicht schneller am Ziel, sondern rascher am Ende. „Langsam, aber sicher!" heißt eine Lehre dieser Erzählungen. Und die zweite lautet: „Geht es um Zeit, ist es allemal besser, ein Igel als ein Hase zu sein." Denn es ist nun einmal so: Die sich ihrem Ende langsam nähern, leben länger als die, die sich dabei beeilen.

Wer zu schnell ist, den bestraft das Leben, denn – so steht's nicht ohne subtilen Doppelsinn auf den Plakaten auf den Grünstreifen: „Rasen ist der schnellste Weg, ins Gras zu beißen."

Dass sich Schnelligkeit nicht auszahlt, das ahnt auch noch der gestressteste Manager. Während er sein Essen in Rekordtempo hinunterschlingt, und mit einem Auge auf die Uhr und mit dem anderen auf das Display seines Smartphones blickt, überkommt ihn die Angst vor dem Tempokollaps, dem Herzinfarkt und einem zu frühen Tod. Das schlechte Gewissen gegenüber Frau und Kindern verführen ihn immer wieder zu illusionärem Selbstbetrug und unrealistischen Versprechen. In absehbarer Zeit, wenn es denn die Geschäfte erlauben, wird endlich einmal richtig Urlaub gemacht, wird dem süßen Nichtstun gefrönt und der schon lange ersehnte Weinberg gekauft. Doch die Geschäfte erlauben keine Pause, sie verbieten jede längere Arbeitsunterbrechung und gestatten es auch nicht, langsamer zu treten. Im Geschäftsleben ist man immerzu mit eingeschaltetem Blaulicht unterwegs.

Zu den auffälligsten Verrücktheiten unseres eiligen Alltags gehört es, dass es die Zeitgenossen in jenen Augenblicken eilig haben, in denen sie hinter dem Steuer eines Kraftfahrzeuges Platz nehmen. In dem Moment heißt es „auf und davon" und „good by limits". Und schon geht's los mit der Raserei, nicht nur auf den Straßen, auch mit dem, was sonst noch im Alltag anfällt – schnell, schneller, und wenn's geht, noch ein wenig schneller. Hat man erst einmal mit dem Tempomachen angefangen, kommt man, als wäre man auf einen Kaugummi getreten, vom Gaspedal nicht mehr herunter und wird über kurz oder lang nur mehr durchs Autofenster mit seiner Um- und Mitwelt in Kontakt treten.

Mit der Eile im Alltag steigen zugleich die Ungeduld, die Unruhe, die nervöse Erregung und die Gereiztheiten. Und das passiert besonders dann, wenn das Gefühl auftaucht, nicht schnell genug informiert, zu langsam bedient zu werden und zu lange auf eine Antwort oder eine sonstige Reaktion warten zu müssen. Dann macht man auf zu langsam sprechende Gesprächspartner Druck und vervollständigt deren Sätze rasch gleich selbst. Nicht viel anders ergeht es all denen, die sich Zeit für das Essen lassen. Sie müssen mit vorwurfsvollen Blicken vom Bedienungspersonal rechnen, die keinen Zweifel daran lassen, dass man gefälligst einen Gang höher zu schalten hat. Damit aber nicht genug. Man muss darüber hinaus auch noch ertragen, in immer kürzer werdenden Abständen von der Bedienung in zunehmend unfreundlicherem Ton gefragt zu werden, ob es denn auch wirklich auch geschmeckt habe. Nicht viel anders ungeduldige Eltern, die mit ihren Kindern schimpfen, wenn die sich mit dem Lernen wieder einmal etwas schwerer tun und das eine oder andere langsamer verstehen als erwartet. Kurzum, die Welt ist auf dem Weg, sich in ein Tempodrom zu verwandeln, das um sich selbst rotiert: „Die Geschwindigkeit ruft die Leere hervor, die Leere treibt zur Eile ...“ (Paul Virilio).

Eine Bestätigung findet dies in Forschungsergebnissen von an der Universität Toronto durchgeführten Experimenten. Die kanadischen Wissenschaftler machten dabei die erstaunliche Feststellung, dass ein Großteil der kanadischen Bevölkerung inzwischen soweit auf Beschleunigung konditioniert ist, dass bereits die Präsenz eines Fast-Food Logos ausreicht, um die Lesegeschwindigkeit von Texten bei den Versuchspersonen zu erhöhen. Ungeduld und Schnelligkeit sind ähnlich ansteckend wie Grippe und Scharlach. Sie führen zu einer Art Knopfdruckmentalität, die der Autor Peter Glaser „Sofortness“ nennt.

Reisen statt rasen

Auch wenn die Eiligen schneller am Ziel sein sollten, so kommen sie doch nicht immer am richtigen an, nicht dort, wo sie, als sie starteten, vorhatten anzukommen. Das bekamen auch jene drei Hastigen zu spüren, die am Stuttgarter Hauptbahnhof in letzter Minute den Zug nach Karlsruhe erwischen wollten. Der Fahrdienstleiter hatte den Zug zur Abfahrt bereits freigegeben, als die drei mit ihren Koffern herbeieilten. Der hilfreiche Bahnbedienstete greift sich das Gepäck der Männer, wirft es mit gekonntem Schwung in den anfahrenden Zug, packt zwei der Atemlosen und schiebt sie durch die letzte noch offene Zugtür und entschuldigt sich beim dritten: „Schade, bei Ihnen hat es mir nicht mehr gereicht." Die etwas verwirrte Reaktion des Zurückgebliebenen: „Eigentlich wollte bloß ich verreisen, die andern haben mich nur zum Bahnhof gebracht."

Ein Schicksal, mit dem man heutzutage nicht nur am Bahnhof rechnen muss. Alle, die bei dem von der Politik und der Werbung schmackhaft gemachten Trip in die rasende Zukunft mitkommen wollen, müssen sich sputen, den Zug der Zeit nicht zu verpassen, und stehen dann schließlich doch über kurz oder lang verlassen und verloren am Bahnsteig herum. Während diejenigen, die gar nicht mitfahren möchten, zu ihrem „Glück", das das ihre gar nicht ist, geschubst werden.

Kein Wunder, dass da so manch ein vom ungeduldigen Tempo des rundum modernisierten Lebens zur Eile getriebener Zeitgenosse die Flucht ergreift, die „Flucht auf Zeit". Angebote dafür gibt's genug, vom durchorganisierten dreitägigen Wellness-Wochenende, über den siebentägigen Meditationstrip in die Wüste bis hin zum zweiwöchigen Klosteraufenthalt zur Selbstfindung. Längst sucht man die Restsüße der Beschaulichkeit und der Besinnung nicht mehr im Alltag, man sucht sie im Kurzurlaub, wo man dann auf diejenigen trifft, die die gleiche Sehnsucht und auch die gleiche Pauschalreise mit den gleichen „Geheimtipps" gebucht haben wie man selbst. Vergebens. Weder die sandig-trockenen Gegenwelten der Wüste noch die spirituellen Rückzugsorte hinter den Klostermauern und schon gar nicht die warm-feuchten Areale der aufdringlichen Wellnessparadiese weisen den Weg aus dem Tempodrom heraus. Im Gegenteil, die ungestillten Sehnsüchte nach dem anderen, die kleinen, durchorganisierten Ausstiege aus dem gehetzten Alltag sind willkommene, nützliche Begleiter der Raserei. Sie sind ihr Energielieferant, gedeihen mit ihr und treiben sie weiter an. Die kleinen Fluchten aus dem Tempodrom sind ein Bestandteil des Tempodroms. Sie gehören zu ihm wie der Stau zur Ferienreise, das Fastfood zur Dauermobilität und das Medikamentendoping zur Überarbeitung. Die Geduld ist derweil zu einer Angelegenheit des Artenschutzes geworden. Allein das Papier, auf dem Sie dies lesen, ist noch geduldig.

Es ist der olympische Geist des „Höherweiter-schneller", der die Welt und die Zeiten des Alltags beherrscht. „Freie Fahrt für freie Bürger!" lautet die Parole, die die Raserei zu einem Freiheitsrecht erklärt. Zugleich verschleiert sie den Zwang als Mobilität und biegt ihn zu einem Recht aufs permanente Unterwegssein um. Der Zeitgeist, von Goethe als Geist der Herren identifiziert, fordert und verlangt pausenlose, kürzere, straffere und flottere Perioden der Aktivität, rascher wechselnde Eindrücke, verdichtete Sensationen mit immer grelleren und hektischeren Kicks. Die Folgen sind bekannt: Je höher das Tempo, je rascher die Dinge heranrasen, je hektischer sie genutzt, konsumiert und verschlungen werden, umso mehr und umso eher verliert man den Kontakt zu sich selbst, zur sozialen Mitwelt und der natürlichen Umwelt.

Wer rastet, der rostet und verpasst über kurz oder lang – wohl eher über kurz – den Anschluss. Wer beim Run auf die technischen Novitäten nicht mitmacht, auf Smartphone, Tablet-Computer und Navigationsgerät verzichtet, hat sich ganz weit hinten anzustellen – zurück auf „Los".

Zur Erinnerung: Einst ging die Ankündigung einer Rast mit dem Versprechen einher, sich für einen Augenblick ausruhen, niederlassen, es sich bequem machen und sich stärken zu können. Vergangene Zeiten. Längst ist es nicht mehr so. Gerastet wird zwar immer noch, in den allermeisten Fällen jedoch ausgerastet. Rast, das ist heute ein ungewollter, mehr oder weniger erzwungener Zwischenstopp. Auf den Rastplätzen der Autobahn ist das nicht anders als beim ärztlich verordneten Power-Wellness-Wochenende zwecks Burn-out-Prophylaxe. Dem zwischen Übereilung und Versäumnis dahinschlingernden Lifestyle-Publikum mit überfülltem Terminkalender und überzogenen Karriereansprüchen ist jede Rast nur mehr ein notwendiges Übel. Stopps werden nur eingelegt, um im Anschluss daran auf die Überholspur zu wechseln, um noch mehr Gas zu geben. Sollte aber der eine oder die andere einmal auf die Idee kommen, eine längere Rast zu planen, um sich mehr Zeit für die eigenen Kinder zu nehmen, wird der Plan nach Prüfung absehbarer Einkommens- und Karriereeinbußen rasch wieder aufgeben.

In der langen Zeit von den Anfängen der Menschheit bis zu Beginn des 19. Jahrhunderts unserer Zeitrechnung hat sich das menschliche Tempo der Fortbewegung nur geringfügig beschleunigt. Die Geschwindigkeit des Pferdes, die der eigenen zwei Beine sowie der Wind entschieden über das Tempo des Weiterkommens. Radikal änderte sich das mit der Erfindung der Eisenbahn und deren Einsatz als Transportmittel. Seit dieser Zeit unterscheiden wir die Reise vom Transport; ein Unterschied, der in unseren Tagen dem zwischen Rasen und Reisen entspricht.

Wer reist, fährt, erfährt aber auch. Reisen bedeutet Erfahrungen machen. Die Reise ist die Mutter der Erfahrung. Ohne die Zeiterfahrungen der Langsamkeit, der Geduld, des Wartens und Abwartens und denen des Umwegs bleibt die Mutter der Erfahrung ohne Kinder. Reisende öffnen sich der Welt, nehmen sie unvoreingenommen, interessiert und neugierig wahr. Ganz anders hingegen der Transport. Der zum Transportgut gemachte Mensch durchquert die Welt und die Landschaft, hat ein Interesse, sie so schnell wie nur möglich hinter sich zu bringen. Die Zeit, die der Transportierte dafür benötigt, ist für ihn grundsätzlich „verlorene" Zeit. Deshalb auch gibt er, hat er die Wahl, immer dem Verkehrsmittel mit der höchsten Geschwindigkeit den Vorzug. Während der Reisende die kleinen Zeitwelten des „Dazwischen" sucht und genießt und dort sein kleines Zeitglück findet, werden diese vom transportierten Passagier gemieden. Im Reisen, so der Romantiker Friedrich Schlegel, wohnt die „Sehnsucht nach dem Unendlichen". Reisende schaffen sich ihre eigene Wirklichkeit auf Zeit. Anders hingegen Transportierte, für die eine jede Reise immer nur eine Durchreise ist, bei der, einer Sendepause im Fernsehen vergleichbar, ein jeder Stopp, ein jeder Halt eine Störung ist. Nichts hält die Um- und die soziale Mitwelt so erfolgreich auf Distanz zu sich selbst wie schnelles Tempo, nichts macht so einsam, so verloren, wie hohe Geschwindigkeit. Und so unterwerfen sich die Transportierten – mal mehr, mal weniger freiwillig – dem Zwang eines starren Fahrplans mit der dabei absehbaren Konsequenz, nach den Regeln des Gütertransports befördert zu werden.

Das schnelle Leben straft mit Einfalls- und Erfahrungslosigkeit, mit Langeweile und Fantasielosigkeit. Das hohe Tempo verhindert den Bodenkontakt. Der Transportierte weiß nicht, wo er ist, und weiß auch nicht, was ihm unterwegs alles entgeht. Schallschluckwände, Sichtschutzanlagen und Tunneldurchfahrten verweigern ihm die Orientierung durch einen Blick aus dem Fenster in die Landschaft. Lautsprecher-Durchsagen müssen übernehmen, was den Sinnen zu leisten verwehrt wird. Während Reisende von Ort zu Ort, von Erfahrung zu Erfahrung, von Erlebnis zu Erlebnis gelangen, steigen Transportierte in ein Fahrzeug ein, sitzen herum, starren auf Displays und steigen wieder aus. Die Zeit bleibt dabei auf der Strecke, und mit ihr das Leben. Im Alpenvorland hat man noch ein Bewusstsein davon und weiß: „Des wenigste derennt ma und des meiste dehockt ma!"

Alles braucht seine Zeit

Schneller machen können wir vieles, und vieles davon machen wir auch schneller. Anderes würden wir gerne beschleunigen, scheitern jedoch, weil es sich überhaupt nicht oder nur geringfügig beschleunigen lässt. Das trifft zum Beispiel auf das zu, was mit unserem Körper zu tun hat. Die Atmung, der Herzschlag, die Verdauung, die Laufleistung, sie alle lassen sich zwar beschleunigen, doch nur in sehr begrenztem Umfang. Werden die Grenzen der Beschleunigung überschritten, die biologisch gesetzten Maße des Zeitlichen ignoriert und missachtet, wird es sehr schnell gefährlich, lebensgefährlich. Als Spezies, die lernen kann und lernen muss, wissen wir aus zum Teil leidvoller Erfahrung, dass sich die Leistungen, die das menschliche Gehirn zu erbringen in der Lage ist, nicht beliebig im Tempo forcieren lassen. Die Geschwindigkeit des Schreibens, des Lesens, Lernens, Hörens, des Fragens und Antwortens kann, wenn überhaupt, nur sehr eingeschränkt gesteigert werden. Biologische Abläufe, Erkenntnisfortschritte, der Aufbau von Erkenntnissen und Erfahrungen und die vielen verschiedenen das Leben begleitenden Entwicklungsprozesse brauchen eben Zeit, und zwar ihre je eigenen Zeiten. Sie sträuben sich, verhalten sich widerständig gegen die Beschleunigungszumutungen der sozialen und technischen Umwelt. Alle Versuche – sie nehmen zu und werden selbstverständlicher -, diesen Widerstand zu brechen und die Grenzen mit Pillen und Pulvern aus der Apotheke zu erweitern oder gar zu überwinden, transportieren ein großes, ein zuweilen zu großes Risiko und führen zu kaum beherrschbaren Folgen, Problemen und Komplikationen. Durch

Medikamente und Drogen steigt nicht in erster Linie die Leistungsfähigkeit, es wächst vielmehr die Gefahr einer abrupten, schmerzhaften und des Öfteren sogar erzwungenen lebensgefährlichen Vollbremsung.

Das Motiv für den Übereifer und die Verbissenheit, mit denen wir gegen besseres Wissen und ohne realistische Hoffnung immer und überall Zeit zu sparen und unsere Lebensverhältnisse zu beschleunigen versuchen, kann nur mit der Leugnung unseres Unbehagens im Hinblick auf unsere eigene Zeitlichkeit erklärt werden. Rastlose Ungeduld des Verstandes, übereiltes Denken und die Vorschnelligkeit unseres Handelns waren es, die Goethes Faust scheitern ließen, eben jene tragische Figur, die bekanntermaßen zu spät zur Einsicht gelangte, „nur durch die Welt gerannt" zu sein. Dass eine zu allererst an Schnelligkeit und

Wachstum von Geld und Gütern interessierte Gesellschaft der Selbstvernichtung zutreibt, kann man in Goethes „Faust" ebenso nachlesen wie die Prophezeiung, dass sich die Natur, die innere wie die äußere, für das, was ihr hierdurch angetan wird, bitterlich rächt. Die Rettung heißt Mäßigung – im „Faust" heißt sie so, und jenseits der Bühne, im wirklichen Leben auch. Ohne Verzicht, alle sich anbietende Möglichkeiten zur Beschleunigung auch zu nutzen und ohne Weigerung, alle Zeiten des Daseins in Geld aufzuwiegen, ist Rettung nicht möglich.

Doch das scheint heute weitestgehend vergessen zu sein. „Wir wissen nicht, was wir tun sollen. Wir wissen nur, dass wir etwas tun müssen. Und das schnell." Worte, die nicht nur im Resümee des Davoser Weltwirtschaftsgipfels 2009 zu finden sind, sondern die man inzwischen ganz ähnlich auch von jedem zweiten Politiker und jedem dritten Spitzenmanager zu hören bekommt. Es sind Worte der Hilflosigkeit, deren Funktion es ist, von dem Skandal abzulenken, dass man die Sicht, den Überblick und das Ziel aus den Augen und aus dem Sinn verloren hat. Ziellos, taub und blind rast man mit steigendem Tempo und immer unvermittelter von einer Krise in die nächste, um diese dann noch schneller und mit noch weniger Durchblick in die kurz darauf folgende zu lenken. Qualtinger lässt grüßen: „I was zwar ned wohin i fahr, aber dafür bin i schneller dort!" (Ich weiß zwar nicht, wohin ich fahre, aber dafür bin ich schneller dort!)

Das Gerenne und Gehetze hören nicht mehr auf. und deshalb auch nicht die Krise und der Zeitdruck. In der Wirtschaft ist es stets fünf vor zwölf, obgleich es doch, wie wir wissen, ebenso oft zwölf vor fünf ist. Die

Zeitnot hört einfach nicht auf. Ohne Unterlass gilt es in allerletzter Minute noch etwas Dringenderes zu tun als das, was zwei Minuten zuvor auch schon sofort getan werden musste. Man weiß nicht wohin, weiß nicht warum, weiß nicht wie lang, tut aber alles nur Mögliche, um noch schneller an jenem Ort zu sein, wo man dann alles dransetzt, um möglichst rasch wieder weg zu sein. So „tickt" die Welt heute, so will sie ticken, so soll sie ticken – eine Mehrheit will es so. Weit und breit keine Alternative, keine Utopie, kein Ziel, und aus diesem Grund auch immer weniger Sinn. Wo immer man hinschaut, es wird gehetzt, das Gaspedal wird durchgedrückt, das Tempo verschärft und der Zeitdruck gesteigert. Der rasche Blick ist zur Gewohnheit geworden, die schnelle Entscheidung zur Pflicht und das schnelle Geschäft zur Normalität. „Ich lese Lyrik, das spart Zeit." (Marilyn Monroe)

Nimm dir Zeit

Glücklicherweise gibt es Alternativen. Um die aber zu finden, braucht es Zeit. Denn nur wer sich Zeit nimmt, den findet die Zeit.

Vieles gelingt nur, kann nur etwas werden, wenn man sich Zeit lässt, wenn es geduldig, langsam und bedächtig vorangeht. Anderes gelingt nur, wenn man abbremst, zögert und verharrt, und wiederum anderes entfaltet nur dann seine Schönheit, wenn man wartet, innehält und lauscht. Es sind die langsamen, die bleibenden Dinge und Ereignisse, die die Sinne, das Herz und den Verstand erfreuen und den Weg zur Klugheit, zur Weisheit und zur Reife weisen. Langsamen, bedächtigen Schrittes wandelte Sokrates jahrelang mit seinen wissbegierigen Schülern durch die Gassen Athens und auf der Agora hin und her und philosophierte die klügsten Gedanken vor sich hin. Der große Aufklärer Rousseau trödelte, so seine Selbstauskunft, bis zu seinem vierzigsten Jahr durch sein Leben, und der Fabeldichter La Fontaine, so wird überliefert, soll es sogar sein ganzes Leben lang so gemacht haben. Davon aber liest man in keinem Schulbuch, davon wird weder berichtet noch erzählt. Warum eigentlich nicht?

Und noch etwas: Auch wenn ein längst abgewählter deutscher Bundeskanzler einstmals glaubte behaupten zu müssen, es gäbe in unserer Gesellschaft kein Recht auf Faulheit, so heißt das noch lange nicht, dass man nicht ab und zu doch einmal faul sein dürfte. Ein Recht auf Faulheit gibt es nämlich deshalb nicht, weil das phasenweise Faulsein schlichtweg selbstverständlich ist. Es ist ebenso selbstverständlich wie das in der Verfassung ja auch nicht geregelte Recht auf den täglichen Schlaf. Die Bibel ist da aussagekräftiger. Sie erlaubt die Faulheit nicht nur, sondern plädiert ausdrücklich für sie: „Sehet die Lilien auf dem Felde, wie sie wachsen; sie arbeiten nicht, auch spinnen sie nicht, und doch sage ich Euch, dass Salomo in all seiner Pracht nicht herrlicher gekleidet war." (Matt. 6, 28/29). Ganz ohne biblische Rückendeckung fordert Paul Lafargues, Schwiegersohn von Karl Marx, ein „Recht auf Faulheit", die er die „Mutter der Künste und der edlen Tugenden" nennt.

Nicht immer ist es von Vorteil, auch nicht stets sinnvoll und noch weniger zu jeder Zeit angesagt, möglichst schnell zur Sache zu kommen. Auch wenn Vorgesetzte es so wollen: Es lohnt sich nicht immer, und es lohnt sich auch nicht überall.

Goethe hielt die Ungeduld für eine Zeitsünde. Er wusste, dass sie zu nutz- und sinnlosen Zeitverlusten führt und, da sie die

Feindin des Vertrauens ist, die Menschen schließlich vereinsamen und verkümmern lässt. In den Maximen und Reflexionen warnt er mit Nachdruck vor der Voreiligkeit und der Ruhelosigkeit: „Mit Ungeduld bestraft sich zehnfach Ungeduld, man will das Ziel heranziehn und entfernt es nur." Eine Mahnung, die man ähnlich bereits in der Sprüche-Sammlung des Alten Testamentes (Sprüche 14, Vers 19) finden kann: „Wer geduldig ist, der ist weise, wer aber ungeduldig ist, offenbart seine Torheit."

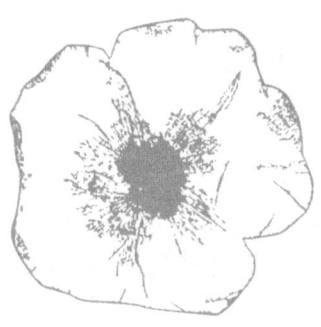

Abbremsen

Schmerzhaft können die Augenblicke sein, in denen man unerwartet und plötzlich zum Bremsen genötigt wird. Neben den Dramatiken, die mit Krankheiten und Unfällen verbunden sind, trifft das auch auf weniger bedrohliche Zeitereignisse zu. Mal spielen die sich am Rande, mal im Auge des Beschleunigungshurrikans ab. Es sind zuallererst jene Momente, in denen man mit Entschuldigungen, Meldungen und Durchsagen konfrontiert wird, in denen von Betriebs- und Sendestörungen, Computerabstürzen, Netzdefekten, von Zusammenbrüchen und Behinderungen der Informations- und Verkehrsflüsse, von Stromausfällen, Pannen und Havarien die Rede ist. Beispielsweise ist dies der Fall, wenn unkontrolliert sich ausbreitende isländische Vulkanasche die Fluggesellschaften zu sofortigen Notmaßnahmen zwingt, die dem einen oder anderen Passagier das Geschäft vermasseln, manchen den Urlaub und dritten den Anschlussflug zur sehnsüchtig wartenden Geliebten. Plötzlich heißt es dann Innehalten, Abbremsen, Ruhe bewahren, Langsammachen. Alles Verhaltensweisen, die von den notgelandeten Passagieren als Zumutungen empfunden und in den Medien, so übertrieben wie unzutreffend, zur Katastrophe erklärt werden. Die Reaktion der zum Abbremsen Gezwungenen ähnelt jener von Antilopen auf der Flucht vor einem Rudel Löwen. Ihr Organismus schnellt in allerhöchste Alarmbereitschaft, der Kreislauf rast, der Blutdruck erreicht Rekordniveau. Der auf einem Provinzflughafen gestrandete Homo mobilis taumelt in seinem Aktivitätsspektrum zwischen Ausrasten und sinnlosen Übersprungshandlungen hin und her. Zu ungewohntem Stillstand verdammt, wird er zum Opfer einer von Verzweiflung, Hektik und depressiver Stimmung verzerrten Situationseinschätzung, die ihn schließlich einen Verlust an Freiheit, Bewegung und Menschenwürde beklagen lässt. Glücklicherweise ist das Bodenpersonal auf Amokläufe dieser Art vorbereitet. Professionelle Beruhiger – „Airport-Stauberater" – sorgen für ein moderates „Cooling down". Mal mit, mal ohne Lautsprecher werden die unfreiwillig Geerdeten gebeten und aufgefordert, Ruhe zu bewahren und von unkontrollierten Wutausbrüchen und unüberlegten Spontanhandlungen abzusehen. Die Belehrung endet, wie in solchen Fällen immer, mit der Verteilung hinlänglich bewährter rhetorischer Beruhigungspillen vom Typ: „Bitte haben Sie doch etwas Geduld. Wir bemühen uns, das Problem so schnell wie möglich in den Griff zu bekommen." Das ist dann jener Augenblick, in dem Hektik und Hysterie der Beinahe-Amokläufer in eine nicht näher bestimmbare Melange aus Ungläubigkeit und Resignation umschlagen. Ist das der Fall, dann haben die beauftragten Beruhiger ihr Ziel erreicht. Es ist ihnen gelungen, bei den auf dem Trockenen sitzenden Hektikern die Geduld und die Langsamkeit zu einer Option ihres Zeithandelns zu machen – vorübergehend.

Enthetzen

Damit keine Missverständnisse aufkommen: Die Fähigkeit, schnell zu sein, ist (über-)lebensnotwendig. Nicht lebensnotwendig hingegen ist es, immer und überall schnell sein zu können, und noch weniger notwendig ist es, ununterbrochen und an jedem Ort tatsächlich schnell zu sein. Nichts gegen Autobahnen und Datenhighways, Vorbild für die Gestaltung des Zeitlebens und den alltäglichen Umgang mit Zeit sind diese jedoch nicht. Selbst im Königreich der Beschleunigung, im Herrschaftsgebiet der Wirtschaft, ist der Tritt aufs Gaspedal nicht immer und nicht überall die empfehlenswerteste und nützlichste aller Optionen. Das gilt zum Beispiel für einen Hotelbetrieb. Da begegnet man Geschäftsabläufen, deren möglichst rasche Abwicklung nicht nur nützlich, sondern auch durchaus sinnvoll ist. Andererseits aber werden dort auch Dienstleistungen angeboten die, käme man auf die Idee, sie zu beschleunigen, die Gäste davon abhalten würden, wieder zu kommen. Hotelgäste möchten bei ihrer Ankunft relativ schnell ihren Zimmerschlüssel in die Hand gedrückt bekommen, am nächsten Morgen aber wollen sie ihr Zimmer nicht in gleich hohem Tempo wieder räumen müssen. Auch hält sich bei ihnen die Begeisterung gewöhnlich in Grenzen, wenn die Gänge des im hauseigenen Restaurant georderten Menues in rekordverdächtiger Geschwindigkeit serviert werden. Ganz zu schweigen von den Gesten der Höflichkeit, deren kostengünstige Wegrationalisierung sich in den allermeisten Fällen so wenig auszahlt wie die Beschleunigung eines Vierminuten- auf ein Dreiminuten-Frühstücks-Ei.

„Gründlichkeit geht vor Schnelligkeit" zählt zu jenen Verhaltensregeln, die in keinem mit Ermahnungen und Lebensweisheiten gefüllten Rucksack, mit dem die Heranwachsende in unserer Gesellschaft auf ihren Lebensweg geschickt werden, fehlt. Und doch erinnert man sich dieser Weisheit später im Leben meist erst dann, wenn das Kind bereits in den Brunnen gefallen ist, die schnelle Tat mehr Schaden als Nutzen angerichtet hat. Doch selten nur ist die Einsicht von längerer Dauer, kaum ausgesprochen, ist sie auch schon wieder verblasst. Die Kürze ihrer Verfallszeit übersteigt die von rasch verderblichen Gütern und Waren. Bei genauem Hinschauen kann und wird man feststellen, dass sowohl der zeitliche als auch der finanzielle Aufwand, der anfällt, um die mit der Beschleunigung einhergehenden Gefahren abzuwehren, abzufedern und zu kompensieren, überproportional zunimmt. So zum Beispiel verlangen der Gesetzgeber und darüber hinaus auch die Versicherungsgesellschaften aus Gründen der Fahrsicherheit für fahrtüchtige Kraftfahrzeuge eine Ausrüstung mit Antiblockiersystemen, Airbags, situationssensiblen Bremssystemen, mit Seitenaufprallschutz und aktiven sowie passiven Fahrsicherheitsystemen. Mit der Geschwindigkeit steigen eben auch die Risiken und die Gefahren. So reagiert zum Beispiel ein mit 30 Stundenkilometern durch die Lande zuckelnder Zug auf eine Gleisverschiebung von einem Zentimeter überhaupt nicht, während ein 300 Stundenkilometer schneller ICE in gleicher Situation entgleist.

Schnelle machen schnell Fehler, und sie machen schnelle Fehler. Das hat Karl Kraus zu der provokanten rhetorischen Frage veranlasst: „Was nützt Geschwindigkeit, wenn der Verstand unterwegs ausläuft?" Eine Frage, die den Beifall des Verfassers der „Faust"-Tragödie gefunden hätte. Denn dem stets ungeduldigen, von rastloser Begehrlichkeit und pausenloser Hast getriebenen und den Versprechen der maßlosen Schnelligkeit und rastlosen Aktivität verfallenen Faust mangelt es bekanntlich immerzu an Zeit. Er verheddert sich in den Maschen des Beschleunigungsfurors, ist auf das schnelle Geld, die rasche Liebe und die fixe Erkenntnis aus. Was aber bekommt er für seine Ungeduld, für seinen „Sofortismus"? Den schnellen Untergang. An dessen Ende bleibt ihm nur die bittere Erkenntnis, die zu teilen die Zeitsparer unserer Tage ebenso verurteilt sind:

> *„Ich bin nur durch die Welt gerannt,*
> *Ein jed' Gelüst ergriff ich bei den Haaren,*
> *Was nicht genügte, ließ ich fahren,*
> *Was mir entwischte, ließ ich ziehn."*

Goethes Botschaft ist eindringlich. Irrtum und Gewalt sind die Folgen von Ungeduld, Tempobesessenheit und Übereiltheit. Es ist der Weg in die Hölle, nicht wie erhofft der ins Paradies, der mit ihnen gepflastert ist.

Eine gute Gelegenheit, wieder einmal an die physikalische Binsenweisheit zu erinnern, dass Schnelligkeit nur dort beherrschbar ist, wo auch situationsgerecht funktionierende und verlässliche Vorrichtungen zum Abbremsen vorhanden sind. Dass das keineswegs eine Selbstverständlichkeit ist und immer wieder vergessen wird, beweist jenes Ereignis, das wir gemeinhin mit der Beschwichtigungsformel „Finanzkrise" benennen. Die damit verbundene Problemkonstellation konnte nur entstehen, da die einmal in Gang gesetzten finanztechnischen Abläufe nicht mehr gestoppt, nicht mehr abgebremst, nicht verlangsamt und angehalten werden konnten und darüber hinaus

– ursächlich dafür war der selbstproduzierte immense Zeitdruck – keine realistischen Initiativen des Umsteuerns und der Korrektur mehr greifen konnten. In der Finanzwirtschaft, in der schnell nie schnell genug ist, ist die Langsamkeit das große Angstbild. Die Maßlosigkeit des dort herrschenden Tempos führt zwangsläufig zum Kollaps, nicht zuletzt, da einem solchen Umfeld die Risiken nicht nur eklatant steigen, sondern darüber hinaus auch immer unübersichtlicher und unkalkulierbarer werden. In diesen Momenten – man hätte das bei etwas breiteren Literaturkenntnissen wissen können – beginnt dann der Besen des Zauberlehrlings auf dem Börsenparkett seinen unaufhaltbaren fatalen Tanz.

Die alles menschliche Zeitmaß übersteigende Zeitvernichtungsdynamik des Computerhandels hat die zu Statisten ihres eigenen Tuns erniedrigten Finanzjongleure jeglicher

Möglichkeit beraubt, auch nur in Ansätzen zu erkennen, was sie eigentlich in Gang gesetzt hatten und zu welchen Folgen das, was sie einmal auf den Schnellweg gebracht hatten, schließlich führen würde. Kurzum, sie wussten weder, was sie taten, noch was ihr Tun für Folgen haben würde. Wo, wie das in der Finanzwirtschaft der Fall ist, qualitätssichernde Langsamkeit nur als Störung und Einschränkung potentieller Geldgewinne wahrgenommen wird, werden die Geschäfte zum Blindflug und der mehr oder weniger schnelle Absturz die notwendige Konsequenz. Wieder einmal bestätigt sich, was dem gesunden Menschenverstand, diesem „hausbackenen Gesellen", wie Hegel ihn nannte, längst bekannt war: Dass Eile nur dann und dort eine Produktivkraft ist, wo sie mit der Weile eine enge Verbindung eingeht. Diejenigen jedoch, die dieser Erkenntnis nicht Rechnung tragen, bekommen über kurz oder lang viel Zeit, sich mit den Folgen ihrer Erkenntnisverweigerung zu beschäftigen.

Es wäre jedoch missverständlich, würde man das bisher Gesagte als ein Plädoyer zu einer generellen, allumfassenden Verlangsamung, die heutzutage gerne unter dem Etikett der „Entschleunigung" daherkommt, verstehen. Nein, es wäre dumm und einfältig, alles langsamer zu machen. Kein Mensch will, so lange er noch bei Sinnen ist, dass der Notarzt mit der Pferdekutsche kommt. Der Ruf nach genereller Entschleunigung ist naiv und darüber hinaus auch unsinnig. Jeder Radfahrer weiß aus Erfahrung, dass Stabilität weder nur durch Schnelligkeit noch nur durch Langsamkeit gewonnen werden kann. Die richtige Balance ist das Ergebnis einer sensiblen Koordination beider Tempi, von Schnelligkeit und Langsamkeit.

So wenig es richtig und sinnvoll ist, alles Schnelle für gut und alles Langsame für schlecht zu halten, so wenig trifft das Gegenteil zu. Das Langsame ist nicht immer und überall produktiv, das Schnelle nicht allerorts destruktiv. Die Zeit ist kein Phänomen, bei dem man mit einer solchen simplen Schwarz-Weiß-Malerei weiterkommt. Nicht Entschleunigen täte dieser Gesellschaft und ihren Bürgern und Bürgerinnen gut, Enthetzen wäre angesagt. Enthetzen zielt auf die Vermeidung oder die Reduktion dessen, was zu schnell ist, zu rasch geschieht und zu viele Risiken im Schlepptau hat. Kurzum, beim Enthetzen geht es um den Abbau überflüssiger Schnelligkeit, nicht den von Schnelligkeit generell. Vor allem geht es um jenes Tempo, das ein zu hohes, ein tendenziell unverantwortliches und unbeherrschbares Gefahrenpotenzial mit sich bringt, eine Geschwindigkeit, die mehr Schaden als Nutzen verursacht und für die Gesundheit und das menschliche Wohlbefinden gefährlich und bedrohlich ist. Es geht um den Verzicht auf jenes Tempo, das zu viel ist, und das um seiner selbst willen forciert wird.

Der vor 20 Jahren noch in keinem Lexikon auffindbare Begriff der „Entschleunigung" – Google zeigt heute in nicht einmal einer Sekunde (Stand Januar 2012) 480.000 Einträge an – ist für ein in diese Richtung weisendes Plädoyer wenig geeignet. Zum einen ist er mit zu viel idealistischem Gepäck belastet, andererseits wird er auch zu oft als eine Art Kampfbegriff in ideologisch aufgeladenen Auseinandersetzungen eingesetzt, um an unseren aktuellen Zeitnöten wirklich etwas ändern zu können. Sten Nadolny, Verfasser des zurecht gelobten Romans „Die Entdeckung der Langsamkeit", äußert sogar die Vermutung, dass es sich bei dem

Wort „Entschleunigung" um nichts anderes als um die wichtigtuerische Worterfindung der Lebensberaterbranche handelt. Sie verfolgt, glaubt Nadolny, den Zweck, die verbreitete Negativbesetzung des Begriffs „langsam" mit sprachkosmetischen Mitteln zu umgehen, um so zu tun, als habe man etwas ganz Neues erfunden, was ohne die Nachteile des Langsamen auskommt.

Warten und Abwarten

Ein Fortschritt der in der Lage ist, die Menschen zufrieden, zeitsatt und hin und wieder auch einmal glücklich zu machen, braucht beides: Schnelligkeit *und* Langsamkeit, Flexibilität und Beharrlichkeit, Bewahrung und Veränderung. Wer große Fische fangen will, vom Kopf gewehte Hüte wieder einfangen möchte, auf einen guten Einfall wartet und wer seine Paukenschläge an der richtigen Stelle zu platzieren sich bemüht, muss warten und abwarten können, ist gut beraten, Geduld zu zeigen, auszuharren und auch einmal nichts zu tun, um dann im entscheidenden Moment rasch und flugs zugreifen oder zuschlagen zu können. Pausenlose Umtriebigkeit, anhaltende Geschäftigkeit und nie enden wollende hochtourige Betriebsamkeit würde alles verderben, ebenso wie endlose Hetzerei und allzu beflissene Eilfertigkeit wäre. Sie alle sind sichere Mittel und Strategien, das zu verfehlen, was man beabsichtigt und sich zu tun vorgenommen hat. Allein diejenigen, die aktiv und passiv, langsam und schnell, geduldig und ungeduldig sein können, sind gut behütet. Nur ihnen fällt etwas Brauchbares ein, und nur sie setzen ihre Paukenschläge am richtigen Punkt. Nicht ohne Grund hat die Naturgeschichte den Menschen mit Zeitqualitäten ausgestattet, die neben Schnelligkeit und Eile auch Langsamkeit, Stillstand, Abwarten, Innehalten und Wiederholungen ermöglichen und zulassen. Warum hätte die Natur das tun sollen, wenn es sich nicht als vorteilhaft für die Spezies Mensch und deren Lebensgestaltung erwiesen hätte? Die Evolution tut bekanntlich nichts grundlos. Wären, wie es heute hin und wieder den Anschein hat, die Fähigkeiten des Menschen zum Abbremsen und zum Verlangsamen nur von Nachteil, dann hätte

die Natur längst für ihre Abschaffung ge-
sorgt. Das aber hat die Evolution schon um
ihrer selbst willen nicht getan. Langsamkeit,
Geduld und Langfristigkeit gehören nämlich
zu jenen Zeitqualitäten, die das Evolutions-
prinzip „Versuch und Irrtum" überhaupt
erst erfolgreich machen. Die horrende Stei-
gerung des Lebenstempos in den letzten 200
Jahren und der in diesem Zusammenhang in
Gang gesetzte Kampf gegen das Langsame,
das Geduldige und Zögerliche setzt jedoch
das für die Entwicklung der Natur- und der
Menschheitsgeschichte so wichtige Entwick-
lungsmodell von „Versuch und Irrtum" unter Zeitdruck. Das gefährdet einerseits seine
Funktionsfähigkeit, zum anderen auch seine
Wirksamkeit.

Wo die Langsamkeit, das Abwarten, das
Zögern und das Wiederholen zu den „ver-
lorenen", den zu vermeidenden Zeiten zählen, setzen sich die Menschen der Gefahr

aus, nicht mehr abzuwarten, ob aus dem, was die Natur, besonders aber auch der Mensch in Gang gesetzt und auf den Weg gebracht haben, ein Erfolg oder ein Misserfolg, sprich: ein Irrtum wird. Das wiederum lässt die Risiken für Leib und Leben steigen, macht sie weniger überschaubar und kaum mehr kalkulierbar. Nicht zuletzt, weil die Menschen sich so ihrer eigenen Natur, insbesondere ihrer Zeitnatur mehr und mehr entfremden.

Nur hartnäckige Ignoranten leugnen die offenkundigen Zeichen fataler Verletzungen des Prinzips von „Versuch und Irrtum". Die inzwischen schon fast wieder vergessenen dramatischen Ereignisse um die BSE-Seuche vor einigen Jahren zählen ebenso dazu wie die sich in jüngster Zeit häufenden Rückrufaktionen von Kraftfahrzeugen der unterschiedlichsten Unternehmen. Auch in der Lebensmittel- und der Pharmaindustrie scheint man häufig, zu häufig, nicht bereit gewesen zu sein, so lange auf sichere und eindeutige Testergebnisse zu warten, bis fatale und folgenreiche Irrtümer ausgeschlossen werden konnten.

Wir sind durch manch ein Ereignis, dem wir mit Vorliebe das Etikett „Skandal" anheften, gewarnt worden und werden täglich neu gewarnt. Lange wird es nicht mehr dauern, bis auch die am umfangreichsten vom Tempowahn infizierten Wirtschaftsexperten zur Erkenntnis gezwungen werden, dass man mit guten Bremssystemen, mit Langsamkeit und Geduld zuweilen schneller vorankommt als durch steten Druck aufs Gaspedal.

Zum Zeitsparen sind wir nicht auf der Welt

Auch wenn man zuweilen diesen Eindruck bekommen kann: Der Mensch ist nicht auf der Welt, um Zeit zu sparen. Auch gehört es nicht zu den ihm von der Natur mitgegebenen Aufgaben und Pflichten, die Zeit immer und überall in Geld zu verrechnen. Der Mensch ist auf der Welt, um sich diese im Rahmen seiner Fähigkeiten und Möglichkeiten anzueignen, sie zu gestalten und sich in sie und seine ihm mitgegebene Zeitnatur zu fügen. Um dabei Erfolg zu haben, ist es notwendig, mal schnell zu sein, mal langsam, mal nichts zu tun und hin und wieder das gleiche mehrmals zu machen. So groß die Fortschritte, die sich der Mensch erarbeitet und zuweilen auch erkämpft hat, auch sein mögen, von seiner ihm mitgegebenen Zeitnatur hat er sich nicht befreit, obgleich er hin und wieder dieser Illusion verfiel. Auch nach Jahrhunderten fortschreitender Modernisierung ist er immer noch Teil der Natur. Nach wie vor ist es ein Netz molekularer Zeitgeber, das seine körperlichen Abläufe, unter anderem den Herzschlag, den Blutdruck, die Temperatur, den Wach-Schlaf-Rhythmus und den Hormonhaushalt koordiniert. Daran wird sich auch in naher und wahrscheinlich auch in ferner Zukunft nichts ändern. Bereits 1859, der Beschleunigungszug war gerade vom Erfindergeist auf die Schiene gesetzt worden und machte fortan viel Dampf, gelang dem Physiker und Physiologen Hermann von Helmholtz in einem aufsehenerregenden Experiment der Nachweis, dass das menschliche Nervensystem Informationen nicht im hohen Tempo eines Telegraphen zwischen Muskeln und

Gehirn übermittelt, sondern erheblich langsamer arbeitet. Im Zeitalter des Hochgeschwindigkeits-Datentransfers, wo der Transport der Informationen noch in erheblich schnellerem Tempo vonstatten geht, ist es notwendiger denn je, diese Erkenntnis wieder einmal ins inzwischen viel zu langsame Gedächtnis zu rufen.

Verführt von den Zeitmustern der elektronischen Medien, neigen wir heute dazu, uns weitestgehend frei von den Naturgesetzlichkeiten des Zeitlichen zu wähnen. Welch ein Irrtum! Die Evolutionsbiologie lehrt uns anderes. Sie erinnert und mahnt uns zugleich, dass alle Anpassungen ans Neue, sollen sie denn erfolgreich sein und relativ gefahrlos ablaufen, Zeit brauchen, und zwar ihre je eigenen Zeiten. Rasche Anpassung ist die Ausnahme, eine Ausnahme, die wir heute aber zur Normalität erklärt haben. Ähnlich wie die Eingewöhnung in ungewohnte kli-

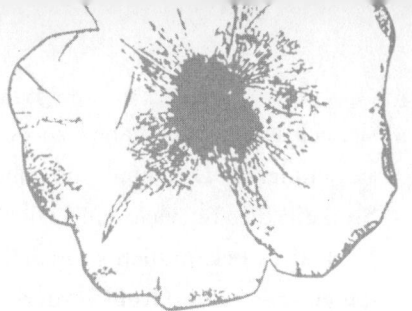

matische Verhältnisse, so braucht auch die Anpassung an neue Umgebungen, an ungewohnte soziale Um- und Mitwelten, an körperliche und psychische Entwicklungsschritte ihre Zeit. Selbst Anpassungen an veränderte technische Welten und Umwelten gelingen nicht im Handumdrehen.

Ohne Langsamkeit, ohne Geduld, ohne widerständiges Beharrungsvermögen schlagen Anpassungsprozesse fehl und scheitern. Anpassung braucht Zeit, Zeit, die man sich nehmen und die man sich lassen muss. Das verlangt die menschliche Zeitnatur. Würden die Menschen so schnell verdauen, wie sie sich angewöhnt haben zu essen, hätten sie immerzu Durchfall. Im übertragenen Sinn gilt dies für vieles im Leben, in dessen Verlauf es bekanntlich so manches zu verdauen gilt. Ein Großteil der grandiosen und herrlichen Dinge, Werke und Ereignisse dieser Welt, die wir bestaunen und verehren und zu denen wir bewundernd aufblicken, wären niemals entstanden, niemals geschehen, wenn man die Zeit nicht auch hin und wieder einmal „vergessen" hätte, wenn man sie immer nur gespart, genutzt und nach Effizienzkriterien organisiert hätte, wenn man nicht auch öfters einmal großzügig mit ihr umgegangen wäre, und sie ab und zu nicht auch einmal verschwendet hätte.

Von Hummeln und
Schildkröten

Geht es um Zeit, dann führen Polarisierungen nach dem Muster „gut/schlecht" nicht weiter. Die Zeit und das Zeitleben bieten weit mehr Alternativen als die Wahl zwischen langsam und schnell, die der genauso törichten Wahl zwischen Durchfall und Verstopfung gleicht. Im Leben, wie auch bei der Verdauung, sind es die Zeiten des „Dazwischen", die Zeiten, die sich im weiten Feld zwischen langsam und schnell tummeln, die dem Leben jene Lebendigkeit und Farbigkeit verleihen, die in ihm für Abwechslung, Entscheidungsvielfalt und Mannigfaltigkeit, in einem Wort: für Freiheit sorgen. Wie der viel zitierte, poetische Predigertext sagt: Jedes hat seine Zeit und alles Tun seine Stunde. Mit prosaischen Worten: Was geschieht, hat seine Zeit, seine je spezifische Eigenzeit, und jedes Ding und jede Aufgabe ebenso. Alle brauchen und verlangen sie ihr je eigenes Tempo. Das zusammen nennen wir „Leben". Es hat erheblich mehr Facetten und Variationen als die schlichte Alternative „langsam – schnell" zum Ausdruck bringen könnte.

Eine konkrete Vorstellung von der temporalen Vielfalt bekommt man bei der Beobachtung des Hummelfluges während der Futtersuche. Die Hummel bewegt sich bei ihrem Flug über eine blühende Wiese nicht etwa so schnell sie kann, sondern in wohlabgemessenem Tempo. Sie fliegt nicht schnurstracks auf eine Blüte zu, ihr Flug gleicht eher dem Gang eines leicht beschwipsten Zechers auf dem Weg nach Hause. Sie tut das nicht ohne Grund. Durch die unterschiedlichen Geschwindigkeiten, die sie fliegt, gelingt es ihr nämlich, die unterschiedlichen Blüten zu identifizieren, und zugleich kann sie feststellen, wie viel Honig jeweils darin zu finden ist. Die Hummel fliegt also nicht mit dem höchsten Tempo, das ihr „Motor" hergibt, sondern mit der Geschwindigkeit, die sie den geringsten Energieaufwand kostet und dabei den Zweck ihres Fluges, die Nahrungssuche, am besten erfüllt. Man kann es auch so sagen: Die Hummel verhält sich so, wie es die Experten von Umweltverbänden und Umweltministerien den sich für ungleich klüger wähnenden menschlichen Zeitgenossen nachdrücklich empfehlen.

Mit der Hummel ist das Potenzial an tierischen Vorbildern jedoch bei weitem noch nicht erschöpft. Auch wenn sich der Mensch, dieses animal civile, seit alters her um eine Abgrenzungen zur Tierwelt bemüht, so bewundert und beneidet er doch das eine oder andere Tier im Hinblick auf dessen Gelassenheit, dessen Kraft zur Ruhe und dessen Fähigkeit, völlig unaufgeregt in den Tag hinein zu leben. Schildkröten zählen, geht es um ein Vorbild für Langsamkeit, Geduld und Langlebigkeit, zu den am häufigsten zitierten Lebewesen. Seit annähernd 200 Millionen Jahren, also erheblich länger als der Homo sapiens, besiedeln Schildkröten Teile dieser Welt. Wie bekannt, hat die Evolution erst vor 2,5 Millionen Jahren den ersten Versuch gestartet, es einmal mit einem sich hauptsächlich auf zwei Beinen fortbewegenden Lebewesen zu versuchen. Heute scheint der Mensch mit dieser Ausstattung, die ihn vom Tier unterscheidet, nicht mehr allzu glücklich zu sein. Vor gerade einmal 100 Jahren hat er sich entschieden, sich nicht mehr in erster Linie gehend, sondern fahrend fortzubewegen. Sein ehemals berechtigter Stolz auf den aufrechten Gang scheint seitdem im Schwinden begriffen zu sein. Im Gegensatz zu den Menschen bleiben jedoch die Schildkröten ihrem seit 200 Millionen Jahre unverändertem Tempo auch weiterhin treu. Sie scheinen sich deshalb nicht einmal zu langweilen, denn, wie amerikanische Forscher jüngst (2011) festgestellt haben, tun sie das – und auch das unterscheidet sie von den Menschen -, ohne jemals in ihrem langen Leben zu gähnen.

Entweder lieben die Mensche ihre Probleme so sehr, dass sie sie gar nicht mehr bearbeiten oder lösen wollen, oder sie glauben dem heiligen Augustinus, der ihnen empfohlen hat, ihre Probleme am besten beim Gehen zu lösen („solvitur ambulando"), nicht mehr. Ob die Menschheit, falls sie denn das Gehen in Zukunft ganz sein lässt und nur noch fährt, die Erde noch einmal zweieinhalb Millionen Jahre bewohnen wird, ist nicht sicher. Schaut man sich an, was der Homo sapiens auf Erden heute so alles anstellt, sind ernsthafte Zweifel erlaubt. Den Adligen des

Barock waren die Langsamkeit und die Langlebigkeit der Schildkröte noch ein so gewichtiges Vorbild, dass sie sie in manchen Fällen zu ihrem Wappentier machten. Lange davor bereits hatten die alten Athener, bekanntermaßen die Wegbereiter der abendländischen Kultur und der Wissenschaften, die den Tag verschlafende Eule zu ihrem Emblem erklärt und auf ihren Münzen verewigt.

Wären wir langsamer, wären wir geduldiger und weniger hektisch, hätten wir weniger Unfällen und Schäden zu beklagen, wir müssten weniger Geld für Medikamente ausgeben und bräuchten seltener zum Arzt zu gehen. Die Zahl der Patienten mit Herz-Kreislaufkrankheiten nähme ab, die der Kinder hingegen zu, nicht zuletzt, weil dann auch die Scheidungsraten sinken würden. Wir wären zufriedener, die Gerichte hätten weniger zu tun, die Polizei auch, wir wären nicht immerzu so erschöpft, so fertig und ausgepumpt, würden das, was wir essen, wieder schmecken, kämen öfters dazu, ein Buch zu lesen und uns um unsere alt gewordenen Eltern zu kümmern. Nun gut, wir hätten wahrscheinlich auch ein etwas geringeres Einkommen, nicht so viele neue Gerätschaften und ein älteres Auto. Dafür aber einen höheren Zeitwohlstand und ein befriedigenderes Zeitleben. Auch wenn der heilige Benedikt in einer seiner Regeln die Gläubigen auffordert, alles zu tun, um möglichst schnell ins Reich der Erlösung zu gelangen, so heißt das nicht, dass man sein Leben auch so schnell wie möglich hinter sich bringen soll. Auch auf Erden kann man erlöst werden – zumindest von jenem Tempo, das die weltliche Erlösung verhindert. Der schnellste Weg dazu ist, wie so häufig, wenn es schnell gehen soll, der Umweg: der Umweg der Geduld.

Königsweg Umweg

Es gibt nur einen kürzesten Weg zum Ziel, Umwege zum Ziel hingegen existieren Tausende. Und das ist gut so. Es passiert ja nicht selten, dass man das Ziel erst dann zu Gesicht bekommt, wenn man zuvor den Mut hatte, vom geraden Weg abzuweichen, vielleicht auch einmal umzukehren, um sich dem Ort der Begierde über einen Umweg anzunähern. Der Umweg ist der Königsweg der Erfahrung, der Erkenntnis, der Bildung und der Klugheit. Allein diejenigen, die Umwege gehen, kommen zu Sinnen, stoßen auf Unbekanntes und entdecken das Unerwartete. Umwege erhöhen die Ortskenntnis und vermehren darüber hinaus die Kenntnis und die Erkenntnis generell. Eine Erfahrung, die all die machen können, die sich in einer fremden und zuweilen auch in ihrer eigenen Stadt verlaufen, oder durch eine Um-

leitung von ihrer geläufigen Route abge-
bracht werden.

Umwege unterbrechen den Dauerlauf der
Routine und der Gewohnheit. Sie schicken
und leiten im Zickzack durch unbekannte
Gegenden, Landschaften, Gedanken- und
Erfahrungswelten. Mal zwingen sie, mal re-
gen sie an zu einem ungewohnten Blick
nach rechts und links, mal zu einem nach
oben und unten und ein andermal zu einem
der Absicherung nach vorne oder zurück.
Wer sich immerzu geradeaus bewegt, bleibt
so flach wie die umweglose Autobahn. Wer
jedoch nach mehr Klarheit, größerem Tief-
gang und umfassenderem Weitblick strebt,
kommt nicht ohne Umwege weiter.

Liebhaber der Umwege und des Umwegigen
nämlich haben die Neugierde und die Über-
raschung als weibliche und das Staunen, das
Wundern und das Verwundern als männli-
che Gefährten. Doch die sind nur mit von

der Partie, wenn man ihre Begleitung auch wünscht und toleriert und sie zur gemeinsamen Reise ins Unbestimmte, Unsichere und Unbekannte einlädt. Nur dann auch ergibt sich die Gelegenheit, seine Sicht auf die Dinge, seine Gewohnheiten, hin und wieder auch seine Meinung und manchmal auch das eine oder andere Vorurteil zu überprüfen und gegebenenfalls zu korrigieren.

Lernen – und in noch weit größerem Maße trifft das auf den Erwerb von Bildung zu -, geschieht auf Umwegen, denn, so der große Schweizer Gelehrte Jacob Burckhardt, „der Geist ist ein Wühler". Um etwas Altes zu verlernen und etwas Neues zu lernen, muss man immer wieder nach rückwärts und häufig zur Seite schauen, um zwischen dem Neuen und dem Alten, dem Unbekannten und dem Bekannten eine fruchtbare Beziehung herzustellen. Lernen erfolgt nun einmal nicht gradlinig-linear auf autobahnähnlichen Lernschnellwegen. Auf der Suche nach Neuem tastet man sich vorwärts, bastelt, zögert, hält vieles in der Schwebe, gerät auf Neben- und Abwege, folgt nicht dem Muster einer stetig steigenden Linie, sondern eher dem des platzenden Knotens. Es sind Umwege, auf denen es uns „wie Schuppen von den Augen fällt". Das war auch der Fall, als der Autor dieses Textes einmal in seiner Heimatstadt den Weg zu seinem Ziel verloren hatte und einen Münchner um Hilfe bat. Dessen Auskunft leitete mich nicht nur zu meinem Ziel, sie wurde mir darüber hinaus inzwischen zur Richtschnur meiner Daseinsbewältigung: „Da gehn's immer grad' aus, aber a bisserl in Kurven."

Der Geist geht nun einmal zu Fuß und zieht dabei am besten zwei unterschiedliche Stiefel an, einen Wander- und einen Unterwanderstiefel. Nur dem, der mit solch unterschiedlichem Schuhwerk auf den Umwegen des Alltags geht, öffnet sich ein neuer Blick auf die Welt und deren mannigfaltige Nebenwelten, ein Blick, der das Leben der Wanderer reicher macht, reicher an Erfahrungen und Erlebnissen und reicher an Erkenntnissen. Denn was im Gedächtnis und in der Erinnerung bleibt, ist vornehmlich das, was man erlebt, erfahren, erkannt und genossen hat, ohne zielstrebig darauf zugesteuert zu haben, ohne zuvor eine Ahnung davon gehabt zu haben, was auf einen zukommt und einen erwartet. Das Wertvollste, das man im Leben lernt und gelernt hat, ist in den meisten Fällen nicht das, was man sich zu lernen vorgenommen hatte, das Wertvollste ist das, von dem man nicht wusste, dass man es nicht wusste, und das man kennen lernen durfte ohne zu wissen, dass es überhaupt existiert.

Allerdings: Man muss schon etwas tun, damit der Umweg zu einem Weg der Überraschungen, des neuen Blicks und der neuen Erfahrung wird. „Etwas tun" heißt im Fall des Umwegs vor allem „etwas nicht tun". Ohne Verzicht auf Tempo, ohne Reduktion des Anspruchs immer und überall erster zu sein, ohne Widerstand gegen den ökonomischen Druck, sämtliche Zeit in Geld zu verrechnen, wird man den Umweg, vorausgesetzt, man entdeckt ihn überhaupt, weder fruchtbar machen noch genießen können, noch ihn schätzen lernen. Voraussetzung jeder Umwegproduktivität ist der Mut, Zeitformen und Zeitqualitäten zu leben und zu pflegen, denen der Makel anhaftet, „verschwenderisch" mit Zeit umzugehen. Dazu zählen die Langsamkeit, das Trödeln, das Bummeln, das Schlendern, das Flanieren, das Warten und Abwarten. Sie erst machen den Umweg attraktiv, weiten den Blick, öffnen die Sinne, machen sehend, staunend und lassen Überraschungen zu.

Trödeln, Schlendern, Bummeln, Flanieren: alles wohlklingende Begriffe, die ein wenig wie aus der Zeit gefallen klingen. Man vermutet sie eher in einem Museum für ausrangierte Zeitqualitäten. Junge Menschen können, wenn überhaupt, nur mehr sehr wenig mit ihnen anfangen. Schade aber wäre es, wenn sie so ganz unbemerkt aus unserem Sprachschatz verschwinden würden. Doch viel schlimmer und sehr viel problematischer wäre es, wenn die Zeitqualitäten, die sie benennen, mit ihnen aus dem Alltagsleben verschwinden würden. Zwar wäre unser Lebensstandard dann nicht gefährdet, aber ein gewichtiger Teil unserer Lebensqualität. Das beweist, was das „Schlendern“ betrifft, ein Blick in das wunderbare Wörterbuch der Brüder Grimm. „Schlendern“, so liest man dort, ist

„ein behagliches, lässiges Gehen, oft mit dem Nebensinn des Sorglosen oder Ziellosen." Wollen wir wirklich auf solche Zeiterfahrungen verzichten? Ist es nicht töricht, in der Abschaffung des „Schlenderns" einen Fortschritt zu sehen? Wer eigentlich kann guten Gewissens behaupten, die Sehnsucht nach sorg- und ziellosen Zeiten niemals im Leben gespürt zu haben? Nur Mut: Schlendern Sie mal wieder, sorglos, ziellos, auf Um-, Ab- und Nebenwegen.

Vom Schmecken und Genießen

Zwei Sterne weisen den Weg: „Eine hervorragende Küche – verdient einen Umweg." Mit diesen Worten lockt ein bekannter roter französischer Restaurantführer die Autofahrer zu einem guten Essen in ausgewählte Gaststätten, die zugleich Raststätten sind. Von wegen: Schneller Genuss! Der Genuss braucht nun einmal Umwege, und er ist es wert, dass man sie macht. Aller Genuss, jedes Genießen beginnt, wie das Glück und das glückliche Leben generell, mit dem Zeitgenuss, mit der Zeit, die man den Dingen und den Ereignissen einräumt, zubilligt und ihnen gönnt. Man wird reich dafür belohnt. Genießer, Feinschmecker und gute Liebhaber wissen um diesen doppelten Genuss der umwegigen Annäherung.

Die Geheimnisse und die Schönheiten der Welt erschließen sich nicht den Eiligen, den Tempomachern und Gestressten, sie erschließen sich nur den Beharrlichen, den Hartnäckigen, den Zögerlichen, Geduldigen und Standhaften. Also nur jenen, die es langsam angehen lassen. Diejenigen, die Freude am Genuss und am Genießen haben, wissen von den sinnlichen Genüssen und Früchten, die zur Belohnung auf sie warten, wenn sie es langsam angehen lassen, abwarten und hin und wieder auch einmal innehalten. Allein die, die warten können, die im Stande sind, sich einer Person und/oder einer Sache langsam anzunähern, nur die haben die Chance, zu genießen und auf den Geschmack zu kommen. Nur ihnen wird die Gelegenheit geboten, die feinen, köstlichen und wohlschmeckenden Unterschiede wahrnehmen und erfahren zu können.

Allein den Langsamen öffnet sich die Tür zu den bunten, vielfältigen und differenzierten Geschmacksvarianten der Genusswelten. Den Gehetzten, den Fixen und den Hurtigen bleiben sie verschlossen. Ihnen schmeckt alles gleich. Die Autoren des verbreiteten „Handbuchs des guten Tons", so der Name des modernisierten Knigge, hat das zu dem mahnenden Hinweis veranlasst: „Es wird zu hastig gegessen, zu wenig gekaut und somit geschlungen." Dass das heute normal und alltäglich ist, zeigt unter anderem die Erfahrung, dass die Mahnung „Bitte iss doch etwas langsamer!" inzwischen zu jenen Appellen gehört, deren Schicksal es ist, in relativ kurzen Abständen immer erneut wiederholt zu werden.

Geschmack, das gilt in erster Linie für dessen Entwicklung und Pflege, ist auf ein spezifisches, vielfältiges Ambiente unterschiedlicher Zeitqualitäten angewiesen. Friedrich

Schlegel nennt die für die Kultiviertheit des Geschmacks wichtigsten beim Namen: „Nur mit Gelassenheit und Sanftmut, in der heiligen Stille der Passivität kann man sich an sein ganzes Ich erinnern und die Welt und das Leben anschauen" (Lucinde). Die Genießer und die zum Genuss Fähigen und für ihn Aufgeschlossenen wissen sehr wohl, dass ein schneller Wein kein guter Wein, ein an irgendeiner Provinztankstelle aus dem Automaten gedrückter Kaffee in einem Styroporbecher kein wohlschmeckender, ein schnell gereifter Käse kein köstlicher Käse sein kann, und dass ein erstklassiger Schinken zu seiner Reifung nichts anderes an Zusätzen benötigt, als Geduld, Zeit und Meersalz. Nur wer dem Leben, den Lebensmitteln und sich selbst Zeit gibt, nimmt und lässt, darf auf die Glückserfahrung des genussreichen Wohlbehagens hoffen. Weitestgehend vergessen jedoch ist die Binsenweisheit, dass bei der Herstellung und der Reifung von Nahrungs- und Genussmitteln kein Zusatz so wichtig ist wie „Zeit". Das gilt selbst für das Alltagsprodukt „Nudeln" – vorausgesetzt man legt Wert darauf, dass sie nicht nur satt machen, sondern auch schmecken -, die bis zu 50 Stunden Zeit zum Trocknen brauchen. Diese aber gönnt man ihnen nur mehr in wenigen Ausnahmefällen. Ein Schicksal, das sie, was die Reifung betrifft, mit der Mehrzahl des in Supermarktregalen ausliegenden Gemüses und Obstes teilen. Schnell wachsende und noch schneller reifende, geschmacksneutrale Sorten und Arten dominieren das Angebot dort. Dazu passt dann auch die Nachricht über die Vergabe des europäischen Innovationspreises 2010 an Studierende der TU Berlin, die einen drei Minuten-Blitzkuchen erfunden haben. Fasziniert von der Topgeschwindigkeit des rekordverdächtigen Produktes hat man jedoch in der Pressemeldung vergessen, die Leser über den Geschmack dieses Hochgeschwindigkeitskuchens zu informieren – wahrscheinlich wäre die Nachricht ernüchternder gewesen.

Zum Genuss braucht es nicht viel. Die wichtigste Zutat ist nun einmal Zeit. Das bestätigt auch ein mehrfach ausgezeichneter Münchner Gastronom: „Wer gestresst aus einer unangenehmen Sitzung herauskommt und dann essen geht, wird wahrscheinlich keinen tollen Abend haben; da kann man servieren, was man will."
Es ist eben kein Zufall, dass die Kultur des Essens und des Trinkens an Orten entstand und sich dort auch entfaltete, wo Ruhe und Beschaulichkeit, mehr Sonnenuhren als mechanische Uhren und rhythmisches Tun und Lassen zu Hause sind – hinter Kloster-

mauern. Augustinus, einer der Kirchenväter und zugleich Gründer eines Klosters, wies an der Epochenschwelle von der Antike zum Mittelalter darauf hin, dass die Dinge ihre wahre Natur erst in den Augenblicken und an jenen Orten entfalten, wo man sie mit Geduld genießt. Sie gestalten sich nicht aus, so Augustinus, und sie verkümmern, wenn man sie ausschließlich nutzt und gebraucht. Kein Wunder also, dass der Champagner, die grandiosen, die herrlichsten Weine, das beste Bier und auch die köstlichsten Käse von Nonnen und Mönchen an Orten der gezügelten Gärung, der maßvollen Dosierung und den natürlichen Reifungszeiten „erfunden" wurden.

Nur dort, wo die Langsamkeit, die Beständigkeit, die Feinfühligkeit und die Geduld Platz und Heimat haben, ist die Sensibilisierung der Sinne, die des Geschmacks, die des Auges, die des Gehörs, auch die des Verstandes und der Vernunft, möglich und realistisch. Allzu oft wird das übersehen. „Einer eingepackten Ware gleich", so klagte bereits Goethe zu einer ungleich gemächlicheren Zeit, „schießt der Mensch durch die schönsten Landschaften. Der Duft der Pflaume ist weg." Ohne Geduld, ohne die Bereitschaft, auch einmal innezuhalten, ohne Ausdauer und Beständigkeit kein Duft der Pflaume, kein Geschmack eines Apfels, kein Genuss eines Weines. Geschmack, auf was er auch immer ausgerichtet sein mag, ist immer eine Frage der Zeit. Der Zeit, die man den Dingen und den Erfahrungen gibt, und jener Zeiten, die diese jeweils verlangen. Die Ungeduldigen und die Gierigen, die den Hals nicht vollbekommen können, ersticken an den von ihnen hastig hinuntergeschlungenen Bissen. Es gibt nun einmal, wenn es ums Genießen

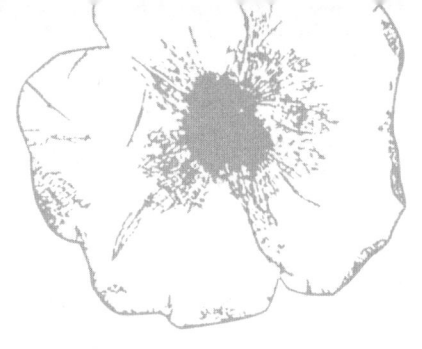

geht, keine Abkürzung. Das trifft für die Poesie ebenso zu wie auf die bildende Kunst, auf die Kochkunst wie auf das wohlschmeckende Essen, und es trifft auch auf die Liebe, auf das Schöne und auf die Klugheit zu.

Allein, die Gelegenheiten zum Genuss werden rarer und rarer. Nur vier Minuten und 17 Sekunden ließ die Londoner National Gallery einem einzelnen Besucher beim Betrachten der Bilder in ihrer großartigen Leonardo-da-Vinci-Ausstellung, dann hieß es unweigerlich: „Bitte weitergehen". Mehr als ein Speed-Dating mit dem größten Künstler der Renaissance war da nicht drin. Sehend und klug wird man nun einmal nicht schnell. Satt kann man heute zwar überall schnell werden, doch nur, wenn man mit der durchschnittlichen Verweildauer von 15 Minuten bis zur Sättigung, wie das bei McDonalds der Fall ist, zufrieden ist.

Wo der „Sofortismus" die Macht übernommen hat, breitet sich die „Kultur der Ungeduld", einem Flächenbrand ähnelnd, auf das Leben im Alltag aus. Der Genuss wird schal, die menschlichen Beziehungen oberflächlich und flüchtig, die Liebe erkaltet, die Landschaft wird langweilig, was geschieht und an Erfahrungen gemacht wird, bleibt öde und uninteressant.

Zeit für Liebe,
Zeit für Freundschaft

Das den Menschen tagtäglich abgeforderte
Rekordtempo, die Hast und die Schnelligkeit schlagen in den Augenblicken ins Un-
produktive um, wenn die Zeit fehlt, sich
den Partnern, den Kindern, den Mitmenschen, der Natur und den Dingen langsam,
achtsam und in aller Ruhe anzunähern.
Nahe kommt man seiner sozialen Mitwelt
und seiner Umgebung nur Schritt für
Schritt, in zuwartender, zögernder und
feinfühliger Haltung, und auch nur auf diese Art und Weise ist es möglich, sie lieb zu
gewinnen. Die Immerzu-Schnellen, die
Ruck-Zuck-Hektiker verlieren im umtriebigen Alltag und kommen sich über kurz
oder lang selbst abhanden. Um sich selbst
zu begegnen, braucht man Zeit, die Fähig-

keit und die Geduld der langsamen Annäherung und Zuneigung. Befriedigende,
über das Oberflächliche hinausgehende Beziehungen setzen voraus, dass sich die Part-
ner in der Zeit verlieren, sie auch vergessen
können. Nur wenn sie dazu in der Lage
sind, haben sie die Chance, sich ohne Er-
schrecken zu begegnen, auf den anderen
und auf sich selbst zu treffen.

Wie der Genuss eine Frage der Zeit ist, so
auch jene besonderen Beziehungsqualitäten,
die wir als Liebe und Freundschaft bezeichnen. Jene Zeitqualitäten, die die Türen und
die Tore zu einem an Genüssen reichen Leben öffnen, und diejenigen, die den Nährbo-
den für die Liebe und die Freundschaft be-
reiten, ähneln sich. Ohne Langsamkeit, ohne
Wartenkönnen, ohne Innehalten, ohne Feinfühligkeit, ohne Achtsamkeit kein zufrieden-
stellendes Familienleben. Für die Befriedi-
gung ihrer sozialen Bedürfnisse brauchen die

Menschen ein zeitliches und räumliches Umfeld, das ihnen die Chance gibt, mit geduldigem, abwartenden und offenen Blick auf ihre Mitmenschen zuzugehen. Die Qualität zwischenmenschlicher Beziehungen ist eine Frage der Geschwindigkeit, der Geschwindigkeit des Blicks und eine der Annäherung. Wo Langsamkeit, Abwarten, Geduld und Gelassenheit keine Chance haben, herrscht die Kälte der Distanz, in der sich Einsamkeit ausbreitet. In den Arenen der Hochgeschwindigkeit reift und gedeiht nichts außer Tempo, Lärm und Verlassenheit.

Ob man wirklich liebt und wirklich geliebt wird, das lässt sich nicht bei einer Veranstaltung des Speed-Dating in Erfahrung bringen; genauso wenig, wie eine Führungskraft nach einem „Briefing" in der Lage ist, das Wahre vom Falschen und das Gute vom Schlechten zu unterscheiden. Das geht nicht ohne Geduld, ohne bedächtige Annäherung und langsames Begreifen. Dort, wo man die Zeit, die man mit Personen verbringt, ausschließlich nach Zeit-ist-Geld-Gesichtspunkten bewertet, herrschen Lieblosigkeit und Ahnungslosigkeit.

Seit den lange zurückliegenden Tagen, als sich die Menschen entschlossen hatten, über die Gestaltung ihres Daseins nachzudenken, es in die eigene Hand zu nehmen und sich Gedanken zu machen, wie sie ihre Lebensverhältnisse verbessern könnten, seit dieser Zeit weiß man, dass es das schnelle Glück nicht gibt, weder in der Liebe noch beim Genuss, und erst recht nicht im Bereich der Erfahrung und der Erkenntnis. Die stets auf Zeitsparerfolge schielende Geradlinigkeit und das kleinteilige Zeitkorsett der Leistungsträger sind dort, wo es um Beziehungen geschäftlicher Art geht, zweifelsohne profitabel, für Liebesbeziehungen jedoch sind sie das nicht. Für die sind Abkürzungen tödlich. Keine der vielen Schnellstraßen der Zeit-ist-Geld-Mentalität führen in die arkadischen Gefilde der Muße und der Liebe. Sie alle enden bei jenen zeitsparenden Selbstanpreisungs-Kennenlern-Events, die unter der Bezeichnung „Speed-Dating" in letzter Zeit Karriere gemacht haben. Speed-Dating ist das dem Prinzip „Schnellimbiss" nachempfundene paradoxe Arrangement, bei dem sich die daran Beteiligten sehr wenig Zeit nehmen, um herauszufinden, ob sie sich zusammen mit jemand anderem mehr Zeit nehmen möchten. Das kann nicht funktionieren, zumindest dann nicht, wenn es zu mehr als zu Blitzkontakten führen soll. Statt zaghafter Annäherung Ruck-Zuck-Verkehr im Minutentakt, statt umwegigem Näherkommen fixe Optionsmaximierung, statt erotisch aufgeladener Aufregung kühl kalkulierende Taxiererei. Der beim Speed-Dating praktizierte Partnertausch im Fünf-Minuten-Takt ist, wie auch die Fünf-Minuten-Terrine aus dem Büroflur-Automaten, das Produkt eines geschmacksfernen Nützlichkeitsdenkens und am Profit orientierten Beschleunigungsmanagements. Wahre Freundschaft, wirkliche Liebe und tiefe Zuneigung sind nur jenseits „vernutzter" Zeitverwertung erwartbar. Eine Aufmerksamkeit, eine Annäherung, ein Aufeinanderzugehen, das nur Nützlichkeitskriterien kennt, muss scheitern, es sei denn, es handelt sich um eine rein geschäftliche Beziehung. Liebe, Freundschaft verlangen, dass ich den anderen um seiner selbst willen wahrnehme, akzeptiere und mag, nicht weil die Beziehung einen Vorteil oder irgendeinen materiellen Gewinn abwirft. „Liebst Du mich?" – „Ja, aber ich habe nur wenig Zeit!" So kann nur das Ende, nicht der Anfang der Liebe aussehen. Ohne Zeit keine Liebe. Zeit muss sein, denn es ist der Umweg, der aller Liebe Anfang ist.

Will man sich lieben Menschen und schönen Dingen nähern, braucht es Geduld und Gelassenheit. Mag sein, dass das das gleiche ist, das die sogenannte Generation SMS „Coolness" nennt. Der Altersabstand des Autors dieser Zeilen zur Smartphone-Generation verunmöglicht genauere Auskünfte. Sicher jedoch ist sich der Autor, dass man auf Schnellwegen weder Freunde noch Freundinnen findet. Von keinem Schriftsteller ist das sensibler und zutreffender beschrieben worden als von Saint-Exupéry in dessen so liebenswerter wie beliebter Erzählung vom kleinen Prinzen: *„Du musst sehr geduldig sein. Du setzt Dich zuerst ein wenig abseits von mir ins Gras. Ich werde Dich so verstohlen, so aus den Augenwinkeln anschauen, und Du wirst nichts sagen ... Aber jeden Tag wirst Du Dich ein wenig näher setzten können ..."* Es sind nicht nur Freundschaften und Liebe, die mit solch erwartungsvollen Unaufdringlichkeiten beginnen, selbst die eine oder andere geschäftliche, juristische Vereinbarung und Abmachung bekäme ohne zurückhaltende Annäherung, ohne vorsichtige und langsame Kontaktaufnahme keine Chance, zustande zu kommen. Ganz zu schweigen von einem Familienleben, das die Erwartungen an Zufriedenheit und Harmonie erfüllt. So wie Liebe besteht auch das Familienleben zuallererst aus gemeinsamem „Zeitverlieren". Ohne lebendige Langsamkeit, ohne geduldiges Abwarten, ohne einmütiges Herumtrödeln wüssten wir nicht, was Liebe ist, Familie sein kann.

Merke: Geachtet werden die Schnellen, geliebt aber werden die Langsamen. Gemocht werden nur diejenigen, die willens, entschlossen und fähig sind, die Schnellstrecken, die Autobahnen des Daseins zu verlassen. Kommen die Liebenden nicht vom Schnellweg ab, bleiben sie auf der Strecke.

Liebe ist planlos und zeitlos. Existieren und gedeihen kann sie nur jenseits der Uhr. „Müßiggang", so Christa Wolf, „ist aller Liebe Anfang". Kein Navigationsgerät zeigt den kürzesten Weg zu ihr, keines vermeldet die Ankunft mit den Worten: „Sie haben Ihr Ziel erreicht."

Die Liebe hat kein Tempo – sie hat viel Zeit. Liebe ist Zeitvergessenheit, Arbeit ist Zeitversessenheit. Die Schwester der Liebe ist die Muße, Beide verbindet ein dem Augenblick zugewandtes Zeitleben und Zeiterleben. Bei der Muße und in der Liebe ist es ohne Belang, ob die Uhr fünf vor zwölf oder zwölf von fünf zeigt. „Liebe hat Zeit. Sie liebt mit langem Atem", schreibt Paulus seinen Korinthern. Muße ist, so der Hinweis des Paulusworts, der fruchtbare Boden eines geliebten Lebens sowie der Liebe zum Leben. Die Liebe, und darin gleicht sie dem auf Ewigkeit zielenden Glück, ist ein

Kind verfügbarer Zeit, über die nicht verfügt wird. Tempo ist ihre Sache nicht. Nur jenseits von Hektik und Hast, in den blühenden Zeitlandschaften der unbeschwerten Seinsvergessenheit gedeiht und blüht sie. Die Liebe hasst die Eile, in jedweder Form, denn „läufst du zu rasch, erreichst du das Ziel nicht" (Jesus Sirach 11,10).

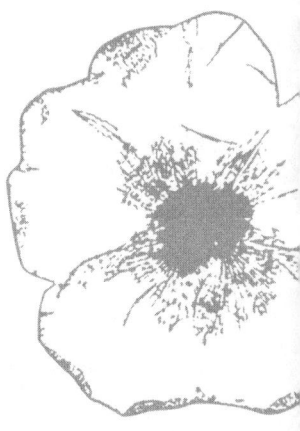

Krieg ist schnell,
Frieden langsam

Längst hat uns das, was wir einst beschlossen haben „Fortschritt" zu nennen, vergessen lassen, dass es in erster Linie die Langsamen, die Bedächtigen, die Zögerlichen waren, die die Menschheit vor Unglück, Leid und Zerstörung bewahrt und, was deren Zivilisierung betrifft, weitergebracht haben. Die Geduldigen – es sind die, die warten und abwarten konnten, sich langsam und zögerlich verhielten und zuweilen auch einfach zu faul für Auseinandersetzungen waren – haben uns so manchen Krieg, eine Menge Streiterei und darüber hinaus auch den einen oder anderen Konflikt erspart. In einem Wort: Die Langsamkeit ist eine weithin unterschätzte, eine positive historische Kraft. Die Schnelligkeit dagegen ist nicht selten gewaltsam, zerstörerisch, zersetzend, blind für das Detail und alles Nahe und Naheliegende. „Geschwind", so die lehrreiche Auskunft des Grimmschen Wörterbuches, entstammt, was seine Herkunft betrifft, dem Umfeld des Kriegerlebens. So ist es denn auch nicht allzu überraschend, dass Geschwindigkeit und Schnelligkeit zu den herausragenden Elementen jener faschistischen Herrschaft gehörten, die sich dem Wahn verschrieben hatte, keine Zeit verlieren zu dürfen. Die katastrophalen Erfahrungen mit dem größten Beschleuniger aller Zeiten, der es fertig gebracht hat, das von ihm proklamierte „Tausendjährige Reich" in zwölf Jahren abzuwickeln und dabei die Welt an den Rand des Untergangs zu führen, sollte Mahnung genug sein, den Fortschritt nicht ausschließlich dort zu vermuten und zu suchen, wo aufs Gaspedal gedrückt wird.

Die Langsamkeit ist eine Produktivkraft. Sie ist das in der Natur und deren rhythmischen Dynamiken, und sie ist das ebenso im Rahmen der Zivilisierung und der Kulturalisierung der Völker dieser Erde. Keine Freiheit des Denkens, des Fragens und des Handelns ohne Langsamkeit, Geduld, Beharrlichkeit, Langmut und Besonnenheit. Wirklich frei dürfen und können sich nur die Männer und Frauen fühlen, die Zeit haben, sich Zeit lassen und Zeit lassen dürfen.

Dem Frieden, dem Schönen und dem Guten nähert man sich nicht schnell und geradlinig an. Das zerstörerische Geschoss hingegen sucht den geraden Weg. Versöhnung, Aussöhnung und Verständigung hingegen sind ohne Ab- und Umwege nicht zu haben. Auch diese Lehre gehört zu den schmerzlichen Lektionen, die uns Kriege, besonders die der jüngsten Zeit, erteilt haben. Es gibt weder schnelle Wege noch Abkürzungen hin zum friedvollen Zusammenleben, und es gibt sie auch nicht auf der Landstraße zu einer lebendigen Demokratie. Beide sind ausschließlich auf verschlungenen Pfaden und kurvigen Wegen zu erreichen. Schnelligkeit, Hektik und Ungeduld sind für ein friedliches Miteinander ebenso schädlich und kontraproduktiv wie für die Entwicklung und die Pflege demokratischer Vielfalt und sozialer Teilhabe. Und noch etwas: Vielleicht unterbleibt das ja, wenn Eltern nicht mehr so oft, wie sie das bedauerlicherweise tun, zu ihren Kindern: „Mach schnell!" sagen.

Schnell ist der Krieg, langsam hingegen der Frieden. Einen Streit lostreten ist einfach und geht rasch, ihn zu beenden braucht und dauert seine Zeit, ist eine nicht schnell erlernbare „Kunst". Ungezählt, selten untersucht und noch seltener in Geschichtsbüchern vermerkt sind die vielen Kriege, Streitigkeiten, Zerwürfnisse und Auseinandersetzungen, die aus Gründen der Zögerlichkeit, der Langsamkeit, der Faulheit erst gar nicht zustande gekommen sind und daher nicht stattgefunden haben. Kein Denkmal weit und breit, das an die großen friedensstiftenden und den Frieden bewahrenden Helden der Zurückhaltung und der Unaufdringlichkeit erinnert.

Laster sind schnell, Tugenden langsam. Ruhig und geduldig sind die friedfertigen Menschen, streitsüchtig, laut und hektisch die Aufdringlichen und Schnellen. Ohne abgebremste Zeiten keine Versöhnung, keine Verständigung, keine Freundschaft, kein Atemholen. Frieden aber, so Thomas Morus, „sind die Pausen, in denen der Krieg Atem schöpft". „Wenn die Dinge", schreibt Milan Kundera in seinem Roman *Die Langsamkeit*, „zu schnell geschehen, kann man sich über nichts mehr gewiss sein, über gar nichts, nicht einmal über sich selbst." Denn, so notiert er an anderer Stelle, „der Grad an Geschwindigkeit verhält sich direkt proportional zur Intensität des Vergessens".

Wo in der Politik pausenlos aufs Tempo gedrückt wird und die politischen Verfahren ohne Unterlass unter Zeitdruck stehen, kommt der Verdacht auf, dass die Demokratie geschwächt und ihre Entscheidungs- und Kontrollorgane außer Kraft gesetzt werden sollen. Es ist aber für ein demokratisches Gemeinwesen überlebenswichtig, dass der politische Betrieb sich Zeit nimmt und Zeit lässt, dass er seine Vorlagen und Entscheidungen geduldig prüft, abwägt und den jeweiligen Gegebenheiten stets neu anpasst. Was das konkret bedeutet, hat der große italienische Philosoph Noberto Bobbio in der Formel treffend zum Ausdruck gebracht: „Verstehen, bevor man diskutiert; diskutieren, bevor man urteilt; und urteilen, bevor man handelt." Zugleich heißt das aber auch, dass es wieder einmal an der Zeit wäre, gegen den Zeitdruck der Ökonomie, insbesondere aber gegen die Dramatisierung der Eilbedürftigkeit seitens der Finanzmärkte, das Loblied der Langsamkeit, des geduldigen Suchens nach Lösungen und Wegen anzustimmen. Es gibt Zeiten, und meist sind das die schönen und lebenswerten, die sich auszahlen, weil sie sich nicht rechnen – während andere sich wiederum rechnen, aber nicht auszahlen. Die Stunden, die zählen, sind die Stunden, die nicht gezählt werden.

Man kann schnell sein und man kann Kultur haben, aber beides zugleich kann man nicht haben. Denn „nichts", so eine Publilius Syrus zugeschriebene Maxime aus vorchristlicher Zeit, „kann gleichzeitig hastig und klug erledigt werden".

Unsere Großeltern wussten das: Nur langsam, so brachten sie es uns bei, kommt man zu Sinnen, während den Schnellen Hören und Sehen vergeht. Den umtriebigen Machern, den gehetzten Hörern und Zuhörern, den hastig Essenden und Trinkenden bleiben die Pforten zu vielfältiger Sinnenlust verschlossen. Sie müssen aufs Unerwartete, Unerhörte und Ungehörte ebenso verzichten wie auf das Überraschende. So wenig wie die Schnellen und Eiligen in der Lage sind, die Tiefen der Erfahrung auszuloten, so wenig Spuren hinterlassen sie bei ihren Auftritten und Begegnungen. Ohne „Geduld zur Sache" (Adorno) und ohne „Gelassenheit zu den Dingen" (Heidegger) bleiben das Unterscheidungsvermögen, die Urteilsfähigkeit und das Erkenntnisvermögen unentwickelt. Ohne Geduld, ohne Beharrungsvermögen, ohne Zögern, ohne den Willen zur Langsamkeit entfalten sich weder Selbstsicherheit noch Standhaftigkeit, unentfaltet bleiben die Fähigkeiten zum Widerstand gegen ungerechtfertigte Zumutungen, zur Beharrlichkeit und zum Durchhalten. Nietzsche bereits machte darauf aufmerksam und mahnte die sich breitmachenden „Legionäre des Augenblicks", Freiheit nicht mit Raserei und Flexibilität zu verwechseln: „Bei der ungeheueren Beschleunigung des Lebens wird Geist und Auge an ein halbes oder falsches Sehen und Urteilen gewöhnt." Überall dort, wo es schnell zugeht, wird Langfristiges, Dauerhaftes, Stetiges und Komplexes der Geschwindigkeit geopfert. Es wird zur Seite geschoben, vertagt und im Seitenaus entsorgt. „Was nützt Geschwindigkeit", muss man mit Karl Kraus fragen, „wenn der Verstand unterwegs ausläuft?" Hektik ist der Gegner des gedehnten Augenblicks und der Feind der kleinen Schauer des Zeitenglücks.

Im Jahr 1850, der Telegraph war soeben erfunden und als Fortschritt groß gefeiert worden, klagte ein amerikanischer Journalist im „Atlantic Monthly": „Die rasende Geschwindigkeit, mit der wir darum kämpfen, jede Meldung zuerst zu haben, führt zur Abschaffung abwägenden Urteilens. Wir finden keine Zeit mehr, unter die Oberfläche zu gelangen, und haben auch gar nicht mehr das Verlangen danach." Eine Diagnose, die bis heute nichts von ihrer Aktualität verloren hat – im Gegenteil: Heute, wo wir erheblich mehr kommunizieren, uns aber immer weniger zu sagen haben, ist dieser kulturkritische Hinweis mehr denn je angebracht.

Brüderlichkeit und Barmherzigkeit

Der Volksmund, klüger als Volkes Stimme, behauptet, dass die Eile den Charakter verderbe. So ist es in der Tat. Nicht nur den Charakter verdirbt sie, sie verdirbt, wie das die Sorge ja ebenso tut, das Dasein. Erheblich häufiger, als man es sich gemeinhin eingesteht, kollidiert die Schnelligkeit – gleich, ob man sie sich selbst verordnet oder sie aufgezwungen bekommt – nicht nur mit den Regeln der Vernunft und den Konventionen der Höflichkeit, sondern auch mit dem ethischen Prinzip der Barmherzigkeit. Es sind gewöhnlich die Langsamen, die für die am Straßenrand kauernden Bettler und Verarmten ein Herz und ein Geldstück übrig haben. Für die Schnellen, die Eiligen, die Gehetzten und Geschwinden sind sie meist nur ein Hindernis, eine unliebsame Irritation, die sie von ihrem gehetzten Dauerlauf durch den Alltagsbetrieb abhält. Bereits ihr Anblick stört sie, und es wäre ihnen lieber, sie würden sie gar nicht erst zu Gesicht bekommen.

Eile, Hetze und Zielstrebigkeit führen zum Tunnelblick, machen taub, blind, hartherzig und unsozial. Zu dieser Erkenntnis kommt auch ein originell angelegtes Experiment, das es lohnt, beschrieben zu werden. Es wurde an der berühmten Princeton-Universität im Osten der USA angestellt. Dort gaben im Rahmen eines inzwischen weltweit Aufsehen erregenden Versuches die beiden Wissenschaftler John Darley und Dan Batson Theologiestudenten, die sie unterrichteten, den Auftrag, in einem wenige hundert Meter vom Hauptgebäude entfernten Nebentrakt vor Kommilitonen ein Referat über das Gleichnis vom barmherzigen

Samariter zu halten. Ein Teil der an dem Versuch teilnehmenden Studenten wurde instruiert, sich auf dem Weg zum Vorlesungsgebäude zu beeilen, da ihre Kommilitonen dort bereits auf sie warteten. Einer zweiten Gruppe Studierender hingegen sagte man, dass sie sich für den gleichen Weg genügend Zeit nehmen könnten. Alle an dem Experiment beteiligten Versuchspersonen kamen bei ihrem Weg über den Campus an einem Seitenweg vorbei, auf dem ein am Boden liegender, sich vor Schmerzen krümmender, wie es schien schwer verletzter Mann lag (der in Wahrheit ein Schauspieler war). Die große Mehrheit der von ihren Professoren unter Zeitdruck gesetzten Studenten hielt für einen kurzen Augenblick an, sah kurz zu dem Verletzten hin, wendeten sich ab und hasteten, ohne Hilfe anzubieten, mit schnellem Schritt weiter. Ganz anders hingegen die nicht unter Zeitdruck

gesetzten Studierenden. Mehrheitlich stopp-
ten diese ihren Lauf, wichen von ihrem
Weg ab, gingen zu dem Verletzten und boten ihm ihre Hilfe an.

Erschütternder noch als die verweigerte Hil-
feleistung seitens der Eiligen ist der Sachverhalt, dass es sich dabei um Theologiestudenten gehandelt hat, die über das Gleichnis
vom barmherzigen Samariter vortragen sollten. Die Eile, so die traurige Lehre des aus-
sagekräftigen Experiments, macht die Menschen unbarmherzig, macht sie unsensibel,
hart und rücksichtslos. Die Schnellen, die
Hastenden und Eiligen ignorieren das, was
sich links und rechts des Weges abspielt. All
das, was den schnellen Weg zum Ziel auf-
halten könnte, wird aus dem Blickfeld genommen, bewusst übersehen, beiseitege-
schoben. Die Opfer eines solchen Verhaltens
heißen Mitmenschlichkeit, Solidarität, Hu-
manität und Brüderlichkeit.

Nichts anderes als das, was das geschilderten Experiment zeigt, geschieht in unserer Gesellschaft ganz offiziell durch das Abdrängen der Langsamen in Altersheime, in Sonderschulen und Behinderteneinrichtungen. Autogerechte Städte haben wir im Überfluss, rollatorengerechte hingegen gibt es nicht. Auf die Dauer ist die Ausgrenzung der Langsamen und des Langsamen der Tod jeder Gemeinschaft. Denn Schnelligkeit lenkt von den wichtigen Dingen des Lebens ab, sodass diese „fortwährenden Ablenkung nicht einmal zur Besinnung darüber kommen lässt, wovon sie ablenkt", wie Kafka klagte.

Der Lattenzaun der Zeit

„Gott hat die Zeit erschaffen, der Teufel die Hetze und die Eile." Ist es so, wie das Sprichwort behauptet, dann ist die Zeitnot nicht nur von Übel, dann führen wir heute eine geradezu teuflische Existenz, denn wir leben in verteufelt schnellen Zeiten. Zumindest tun wir das sechs Tage die Woche. Und der siebte, der langsamere Tag, soll jetzt auch noch dem Teufel geschenkt werden. Das nämlich steht derzeit zur Debatte. Es gibt nicht wenige, die wollen den Sonntag abschaffen. Es ist nicht das erste Mal, dass das versucht wird.

Da kann es nicht schaden, sich eines Realexperimentes zu erinnern, das 1914 in England durchgeführt wurde. Die Briten befanden sich zu dieser Zeit, wie fast ganz Europa, im Krieg. Um die Kriegsproduktion zu steigern beschlossen Industriellenverband und Regierung die Bänder in den Fabriken auch am Sonntag laufen zu lassen. Eine Maßnahme, die sich jedoch, nicht wie erwartet, als erfolgreich erwies. Das Gegenteil des Beabsichtigten trat ein: Die Gütermenge nahm ab, die Leistungsbereitschaft der Arbeitenden sank, die Zahl der Störungen im Betriebsablauf stieg. Konsequenz: Das Experiment wurde postwendend abgebrochen. Man kehrte kurz nach der „Schnellentsorgung" des Sonntags wieder zum traditionellen Wochenrhythmus und seinem geregelten Wechsel von Arbeit und Ruhe zurück.

Die Lehre aus dem geschilderten Realexperiment ist mehr als deutlich. Sie lautet in einem Satz: Die Arbeitsleistung, gemessen an der Produktionsmenge, hängt nicht nur davon ab, wie lange gearbeitet wird, sondern auch, wie lange nicht gearbeitet wird. Wer

also die Erhöhung der Produktivität an-
strebt, wer auf leistungsbereite Mitarbeiter
Wert legt und den Betriebsablauf von Störungen möglichst frei halten möchte, der ist
gut beraten, einen Tag in der Woche zum
kollektiven „Ruhetag" zu erklären. Alle Versuche, die Menschen und ihre Arbeitskraft
auf Daueraktivität hin zu programmieren,
sind bisher gescheitert. Das wird sich aller
Voraussicht auch in Zukunft nicht ändern.

Für Christen klingt das alles nicht neu. Wie
aus der Bibel zu erfahren ist, schuf Gott -
auch in England war das 1914 bekannt - die
Welt in sechs Tagen, um dann am siebten
zu ruhen. Er tat das nicht aus Gründen der
Erschöpfung, sondern aus Gründen der
Schöpfung. Am siebten Tag hat Gott sich
nämlich nach dieser biblischen Erzählung
einen Tag Zeit genommen, um den Rhythmus von Aktivität und Passivität, von Tun

und Lassen, Anfangen und Beenden zu erschaffen. Exegeten sagen, dass der Schöpfungsbericht ein Hymnus ist, der die Einführung des Sabbat begründet. Mit diesem Schöpfungsakt, der Einführung eines Ruhetags, erst vollendete er sein Werk. Gott hat seine Arbeit also nach sechs Tagen nicht durch einen Tastendruck beendet. Er hat eine Pause gemacht, um mit kritischem Blick auf das zu schauen, was bei seinem Tun herausgekommen ist. Hätte er auf diesen siebten Tag, auf diesen „Nicht-Werktag" verzichtet, hätte er sich nicht sicher sein können, dass, was er auf den Weg gebracht hat, ihm auch gelungen war.

Der die Woche als Zeiteinheit konturierende herausgehobene Tag, den christlich geprägte Kulturen auf den Sonntag legten, ist die produktive Lücke im Getriebe, die die Menschen und die Gesellschaft zur Besinnung bringt und die dem sozialen Leben einen Rhythmus verleiht. Der arbeitsfreie Sonntag ist der Zwischenraum, der dem nicht immer freiwilligen Dauerlauf durchs Leben Einhalt gebietet und hierdurch die Sicht auf jene Dinge freigibt, an denen der gehetzte Mensch im stressigen Alltag vorbeiläuft. Das hat Christian Morgenstern bereits so gesehen und dem Durchblick durch den Zwischenraum im Lattenzaun ein schönes Loblied gesungen.

Ohne einen besonderen, herausgehobenen Wochentag, wäre die Wocheneinteilung hinfällig, sie hätte ihren Sinn verloren. Die Woche würde als kalendarische Zeitinstitution nicht weiter existieren. Die Idee, den Monat in kleinere zeitliche Sequenzen zu unterteilen, ist bereits 5000 Jahre alt und stammt von den Bewohnern des Zweistromlandes. Ihr Interesse, die Lebensverhältnisse sicherer zu machen, motivierte sie zu regelmäßigen Treffen, um sich auszutauschen, gemeinsame Aktivitäten zu organisieren und, wo das menschliche Handeln Grenzen hat, auch gemeinsam die Götter anzurufen, um diese günstig zu stimmen. Um dies zu gewährleisten bedarf es eines gemeinsamen Ortes und gemeinsam geteilter Zeit. Was die Zeit betraf, so entschied man, sich regelmäßig, im Abstand von sieben Tagen an einem gemeinsamen Ort zu treffen, um dann miteinander zu reden, Güter zu tauschen, sich abzustimmen, sich zu organisieren, zu feiern und zu gemeinsamen Göttern zu beten. So wurde dieser Tag zu einem besonderen, stets wiederkehrende Tag. So entwickelten sich ein gemeinsamer Kult und eine gemeinsam geteilte Kultur. Daran hat sich nur wenig geändert. Bis heute und auch bei uns ist der Sonntag jene Zeitinstitution, die dem Sozialen, dem Gesellschaftlichen, dem Kult und der Kultur gewidmet ist. So beispielsweise wählen wir die politischen Repräsentanten unserer Gesellschaft an einem Sonntag. Wenn wir dieser Tradition 5000 Jahre treu geblieben sind, dann deshalb, weil sie anerkennt und immer wieder neu bestätigt, dass der Mensch ein soziales Wesen ist, dass er Gemeinschaft zum Lebensmittel braucht. Der Sonntag ist also keine kirchliche Erfindung, wie manche vermuten. Ohne die Übereinkunft von Gesellschaft und Gemeinschaft zu einem besonderen Wochentag, ohne den Sonntag, wäre die Woche ein 5000-jähriger Irrtum.

Warum aber steht dieser Tag heute zur Disposition? Wie viele andere Fragen, die sich derzeit stellen, ist auch diese eine Folge jener Dynamik, die wir uns „Globalisierung" zu nennen angewöhnt haben. Die Globalisierung zielt nicht nur auf die Ausweitung des Aktivitätsraumes, sondern ebenso auf die der zeitlichen Handlungsmöglichkeiten. Das wegweisende Medium dieser zeitlichen Expansion ist das Internet. Bekanntlich besitzt es keinerlei Zeitstruktur. Es kennt weder den Tag noch die Woche, es kennt keinen Sonntag, keinen Monat und kein Jahr. Es ignoriert all die das Leben ordnenden Säulen des Anfangens und des Beendens. Es kennt keine Übergänge, keine Pausen und keine Zwischenzeiten. Es ist ein zeitliches Nirwana, das alle Rhythmen der Natur, auch die Rhythmizität der menschlichen Zeitnatur. Und es nimmt keine Rücksicht auf die Zeiten der sozialen Systeme. Das Internet ist, so gesehen, unnatürlich, unmenschlich und unsozial. Das wiederum macht es so attraktiv. Es besitzt nämlich jene End- und Zeitlosigkeit, auf die der Mensch zu verzichten gezwungen ist, die er aber ersehnt und mit hohem Aufwand auch erstrebt. Letztlich ist es die – sinnlose - Konkurrenz mit dem Internet und dessen

Zeitlosigkeit, die den Einzelhandelsverband dazu treibt, den Sonntag, den es im Internet nicht gibt, auch in seiner analogen Form abschaffen zu wollen. Ziel ist es, den Konsum so grenzenlos zu machen, wie er es im Internet bereits ist. Es geht dabei nicht, wie gerne propagiert, um mehr Freiheit. Es geht, wenn's überhaupt um Freiheit geht, ausschließlich um die Freiheiten des Warenmarktes und des Geldverkehrs.

„Die Gesellschaft als Ganzes", so die Mahnung Wilhelm Röpkes, einem der Väter der sozialen Marktwirtschaft, „kann nicht auf dem Gesetz von Angebot und Nachfrage aufgebaut werden." Sozial wird der Mensch dann, wenn er das „Nutzlose", " das „Übernützliche" zu schätzen weiß und wenn er dem Leben jenseits des Erwerbsinteresses eine Chance gibt. Wenn er also in seinem Nachbarn nicht nur seinen Konkurrenten bei der Jagd nach den Schnäppchen dieser Welt sieht. Vertreibt man das „Übernützliche" aus dem Leben, bleibt nur das Unnütze. Der Sinn des Sinnfreien ist dessen Offenheit vor vorgefertigtem Sinn. Das ist auch der Grund, weshalb sich der Sonntag als „besonderer" Wochentag aus der Sicht individueller Freiheitsrechte nicht sinnvoll rechtfertigen und verteidigen lässt. Der Sonntag ist kein arbeitsfreier Tag, den man wahlweise auch am Mittwoch nehmen könnte. Gerade heute haben die Individuen den Tag der Gemeinschaft nötiger denn je, denn sie arbeiten, leben und feiern wochentags, wie zu keiner Zeit zuvor, zu unterschiedlichen Zeiten. Insbesondere flexibilisierte Subjekte haben eine gesetzliche festgeschriebene Sonntagsgarantie nötig, um die Chance zu haben, zueinander zu finden, zueinander zu kommen und nicht ständig aneinander vorbeizulaufen.

Um das zu gewährleisten, schränkt das deutsche Grundgesetz an einem von sieben Wochentagen die Handlungs- und Erfahrungsmöglichkeiten ein, mit der Absicht, anderen Handlungs- und Erfahrungsmöglichkeiten, genannt sind im Gesetz „Arbeitsruhe" und „seelische Erhebung", eine Möglichkeit zu eröffnen. Das taten die Väter und die wenigen Mütter des Grundgesetzes nicht etwa, weil sie eben mal Lust dazu hatten und auch nicht, weil sie den Kirchen einen Gefallen tun wollten; nein, sie entschieden sich bewusst und aus Interesse an der Vergesellschaftlichung der Menschen für den Erhalt der Wochenstruktur als sinnvoller und bewährter Zeitinstitution.

Wenn sich „Freiheit" ausschließlich auf die Erweiterung der Wahlfreiheiten auf unterschiedlichen Märkten beschränken würde, würde das ebenso legitimieren, die mit der

Woche etwa gleichaltrigen Pyramiden zugunsten eines profitablen Einkaufs- und Vergnügungszentrum einzureißen. Novalis sprach in diesem Zusammenhang von „grobem Eigennutz" und verspottete diesen als „das notwendige Resultat armseliger Beschränktheit".

Die Einschränkung der Wahlfreiheiten geschieht im Falle des Sonntagsgebotes nicht, um die Freiheit zu reduzieren, sie geschieht um der Freiheit willen. Hingegen ähnelte die Ausweitung der Herrschaft des Zeit-ist-Geld Prinzips auf alle sieben Tage der Woche in fataler Weise der unklugen Entscheidung eines Bauern, seine letzte Kuh zu verkaufen, um sich von deren Erlös eine Melkmaschine anzuschaffen.

Jetzt aber schön langsam!

Auf die mit dem matten, nicht allzu glänzenden Oberbegriff der „abgebremste Zeiten" beschriebenen Zeitqualitäten – dazu gehören unter anderem die Langsamkeit, das Warten und Abwarten, das Innehalten, die Pause, die Geduld, das Zögern und das Verzögern – kann und darf die Menschheit nicht verzichten, will sie die Grundlagen ihres Daseins nicht noch stärker gefährden, als sie es heute bereits tut. Der mehr oder weniger offen geführte Kampf gegen das Warten, die Abschaffung von Pausenzeiten, die Diskriminierung der Langsamen, all das bedroht unsere Lebensqualität, und es schränkt darüber hinaus unsere Chancen und Möglichkeiten ein, das mit steigendem Alltagstempo einhergehende Wachstum an Fehlern und Irrtümern zu kontrollieren, zu begrenzen und zu revidieren. Das trifft auch für den auf Beschleunigung angewiesenen wirtschaftlichen Sektor zu. Vieles, was im Berufsleben an Aufgaben anfällt, was wichtig ist und für wichtig gehalten wird, hat nur dann eine Chance, sich von selbst zu erledigen, wenn man es langsam angeht und auch einmal eine Zeit lang liegen lassen kann. Bestätigen können das annähernd alle Urlaubsrückkehrer, die übereinstimmend feststellen, dass sich eine nicht unerhebliche Anzahl der ihrer Abwesenheit eingegangenen Sofort-Botschaften zwischenzeitlich erledigt hat, man sich also eine Antwort sparen kann. „Zeitsparen durch Nichtstun", das ist ein im Arbeitsumfeld stark unterschätzter und wenig gewürdigter Leistungsvorteil. Untersuchungen von Wissenschaftlern lassen uns zudem wissen, dass langsame Mitarbeiter, mehrheitlich handelt es sich dabei um ältere Personen, bei ihrer

Arbeit im Durchschnitt weniger Fehler machen, als jung-dynamische Heißsporne, die stets auf dem Sprung zur nächsten Sensation sind.

Zeitdruck ist insbesondere dann kontraproduktiv, wenn mit der Langsamkeit auch Gründlichkeit, Sorgfalt und Achtsamkeit gleich mit abhanden kommen. Bestes Beispiel dafür ist die Mail-Kommunikation: Die für den Briefverkehr selbstverständliche Regel, tunlichst nichts zu schreiben, was man sich zuvor nicht gut überlegt hat und es so zu formulieren, dass zu Nachfragen möglichst wenig Anlass besteht, ist beim Mailverkehr weitestgehend außer Kraft gesetzt. An diesem und ähnlichen Sachverhalten scheitern dann auch einige jener unrealistischen Erwartungen an die Zeitgewinne, die man den neuesten technologischen Errungenschaften generell und dem Mailverkehr speziell immer wieder unterstellt. Eine Zeitersparnis, die ausschließlich als Illusion existiert, rechnet sich selbst für den engagiertesten Zeitmesser nicht.

Langsamkeit ist kein Luxus, und erst recht ist es keiner, den sich nur diejenigen leisten können, die zuvor ordentlich aufs Gas gedrückt haben. Ebenso ist die Langsamkeit aber auch keine Störung, keine Panne, und sie ist auch nicht ausschließlich etwas für Fußkranke und „Zurückgebliebene". Sie gehört zum Leben und ist ein gewichtiger, ein unverzichtbarer Bestandteil dessen, was wir „Zeitwohlstand" nennen. Ihm räumen die Menschen im Süden Europas traditionell einen höheren Stellenwert im Daseinsvollzug ein, als die Bewohner nördlicher Breiten. Ist „Zeit-haben" ein Glücksfaktor, dann geht es einem im Süden besser als in den nördlichen „Zeitspargesellschaften". Je weiter man sich den südlichen Regionen nähert, umso eher und umso selbstverständlicher gehören die abgebremsten Zeitqualitäten zur Normalität des Alltagslebens. Sie sind dort nicht, wie in den weniger sonnigen Regionen Europas, nur das Wattebäuschchen für die Schürfwunden des Alltags, die die pausenlose Hetzjagd den Menschen und den Dingen zufügt. Sie gehören dort, weil sie nicht durch Zwecke „verunreinigt" sind, zur Lust am Lebendigen und zur lebendigen Lust an der Zeit. Deshalb auch Nietzsches Plädoyer: „ ...den Süden in sich wieder entdecken und einen hellen glänzenden geheimnisvollen Himmel des Südens über sich aufspannen ..."

Den im Norden Gebliebenen schrieb der leidenschaftliche Spaziergänger Robert Walser ins Stammbuch: „Es ist meine feste Überzeugung, dass wir alle viel zu wenig langsam sind", denn, so Walser an anderer Stelle: „Alles Schöne und Gute scheitert nur immer an der Unruhe." Wer bremst, kommt weiter. Denn es ist nun einmal besser, langsam zufrieden als schnell unzufrieden zu werden.

Wie aber schafft man das? Mit Rezepten jedenfalls nicht. Da ist es schon besser, sich an Kafkas Landarztmotto zu halten: „Rezepte schreiben ist leicht, aber im übrigen sich mit den Leuten verständigen ist schwer". Allemal jedenfalls lohnt sich ein längerer Blick in die reichen Schätze der schönen Literatur. Konkret der in Friedrich Hebbels Tagebuch. Dort findet man die lebenspraktische Empfehlung: „Rasch und langsam leben. Das eine heißt, das Leben genießen, das zweite: sich die Gelegenheit zum Lebensgenuss erhalten." Nicht weniger bedenkenswert ist auch der Hinweis des „Walzerkönigs" Johann Strauss, auf den man in seinen Partituren stößt: „Der Schwung hat aus einer ruhigen Bewegung zu kommen." Weitere kluge und brauchbare Anregungen findet man in Märchenbüchern, in Romanen und Novellen. Doch vergessen wir nicht, wenn wir uns auf die Suche danach machen, dass man sie nur dann entdeckt, wenn man sich auch Zeit für die Suche nimmt. Es muss ja nicht gleich jene großzügige Zeitwirtschaft sein, die in einem Sanatorium auf dem Zauberberg gepflegt wurde, wo der Monat die kleinste gezählte Zeiteinheit war.

Nehmen wir zwei Märchen. Das erste, es ist das von den drei Wünschen, lehrt: Die Eiligen, die Fixen und Ungeduldigen, die sich für ihren ersten Wunsch zu wenig Zeit lassen, sehen sich gezwungen, die beiden übrig gebliebenen zur Wiedergutmachung des mit dem ersten, zu schnell geäußerten Wunsch angerichteten Schadens zu verwenden.

Das geläufigere zweite Märchen, das vom Hasen und dem Igel, gibt Lesern und Zuhörern zu Bedenken, dass die mit ihrem raschen und überraschenden Tod rechnen müssen, die ohne Unterlass zwischen ihren Zielen hin und her rasen, während diejenigen es sich gut gehen lassen können, die zu zweit sind und sitzen bleiben.

Schiller scheint diese beiden Volksmärchen gekannt zu haben, als er prophezeite, das langsamste Volk würde dereinst die schnellen Völker einholen. Neil Young hat Schillers Vorhersage zum Klingen gebracht: „When I was faster, I was always behind." Wenn das so ist, und alles spricht dafür, dass es so ist, dann bleibt einem nur, sich der mahnenden Frage des Barockdichters Angelus Silesius anzuschließen: „Oh Mensch, wo eilst Du hin, der Himmel ist in Dir?"

Es ist nicht auszuschließen, ja sogar wahrscheinlich, dass die Langsamen bereits am Ziel angekommen sind, während die Schnellen sich weiterhin abstrampeln, ihr Tempo dabei stetig erhöhen, um schließlich dort anzukommen, wo die Langsamen bereits sitzen, sich ausruhen und fröhlich mit einem Lied auf den Lippen auf die schnellen Nachzügler warten. Kein Weg, zumindest kein schneller, führt an dem Gesetz vorbei, dass nur reich an Zeit wird, wer arm an Eile ist. Lebenspraktischer: Erhöhen wir das Tempo, bekommen wir mehr Geldanlagen, werden wir hingegen langsamer, erhalten wir mehr Grünanlagen. Treten wir stärker aufs Gaspedal, blühen uns mehr Banken, drosseln wir die Eile, erhalten wir mehr Bänke. Vorerst jedoch müssen wir mit dem Dilemma leben, dass die Schnellen vom Leben, die Langsamen hingegen vom Chef bestraft werden.

Trotz alledem, beginnen wir endlich, die produktive Vielfalt der Zeit zu entdecken, sie zu pflegen und sie zu genießen. Fangen wir an, bald. Auch wenn es schwierig wird und möglicherweise etwas dauert. So lange wie ein schöner Rasen wird es jedoch aller Voraussicht nach nicht brauchen: „Was", erkundigt sich ein vom Zeitgeist des Sofortismus infizierter Amerikaner beim Besuch eines englischen Landschlosses beim rasenmähenden Gärtner, „was kann ich tun, damit ich auch einen solch schönen Rasen bekomme?" Die Antwort: „Fangen Sie 400 Jahre früher an."

Gründe genug, um sich und anderen hin und wieder einmal die Frage zu stellen, ob wir das Leben nicht vielleicht doch etwas zu schnell hinter uns bringen? Zumal wir es, auch bei noch so viel Anstrengung, nicht hinbekommen werden, zwei Leben in einem zu absolvieren. Auch wird es uns, al-

ler Hetze und Eile zum Trotz, nicht gelingen, aus lauter Zeitmangel unsere eigene
Beerdigung zu verpassen. Nein, wir können
noch so sehr auf das Tempo drücken, wir
werden nicht mehr vom Leben haben. Ein
besseres, friedlicheres, zufriedeneres und
zeitsatteres Dasein können wir nur erhoffen
und erwarten, wenn wir langsamer, nicht
schneller leben. Weder die Erhöhung der
Schrittgeschwindigkeit noch die der Laut-
stärke unseres Pfeifens werden uns den
Weg aus dem Wald unserer Zeitprobleme
und Zeitnöte finden lassen. Das können
nur Geduld, Ausdauer und Beharrlichkeit.

Sofa auf der Autobahn

Man glaubt es nicht! Ja, was ist denn da los? Gibt's denn so was? Am 2. Mai 2011 um 14.45 Uhr warnt der bundesweit ausgestrahlte Deutschlandfunk die Autofahrer vor einem auf der Autobahn 61 bei Mönchengladbach herumstehenden Sofa, das den Verkehr behindere. Am 22. September 2011, diesmal etwas später am Tag, nämlich um 19.05 Uhr, bat der gleiche Sprecher des gleichen Senders die zuhörenden Autofahrer zur Vor- oder zur Rücksicht vor einer oder auf eine Matratze, die, diesmal im Westen der Republik, dort eine rechte Fahrbahn blockiere. Der Bayerische Rundfunk, der den Straßenverkehr nicht minder aufmerksam beobachtet und fürsorglich kommentiert, warnt einen Monat später ebenso vor einem Sofa, das in diesem Fall auf der A 8 zwischen Weyarn und

Holzkirchen gesichtet wurde und – das kann doch kein Zufall gewesen sein – zwei Wochen später erneut unter den Gefahrenhinweisen auftaucht, sich dieses Mal jedoch auf der Gegenfahrbahn der Autobahn zwischen den Anschlussstellen Holzkirchen und Weyarn befindet.

Naht die sommerliche Urlaubszeit, dann sind es seltener Sofas, dann sind es häufiger Sonnenliegen, die sich auf den Schnellwegen herumtreiben und daran erinnern, dass es attraktive Alternativen zur stressigen Umherraserei gibt. Niemand zwingt die Hörer und Hörerinnen, die fürsorglichen Hinweise des Verkehrsfunks als Warnhinweise, wie sie bezeichnet werden, zu interpretieren. Was spricht eigentlich dagegen, in ihnen eine Einladung, eine Aufforderung zu sehen, es etwas langsamer anzugehen, innezuhalten? Vielleicht ist es ja die Offerte einer bisher im Verborgenen wirkenden

Enthetzungsavantgarde, die mit originellen Aktionen auf einen Zustand in dieser Gesellschaft aufmerksam machen möchte, der ihren Mitgliedern den verdienten Zeitwohlstand weitestgehend vorenthält.

Sind da eventuell Zeitrebellen mit Aufmerksamkeit heischenden subversiven Zeitpraktiken unterwegs? Piraten vielleicht – die ihr Aktionsfeld über das Meer und das Netz hinaus auf die Autobahn erweitert haben? Beobachten wir die Sache weiterhin aufmerksam – gemeinsam mit den Mitarbeitern des Verkehrsfunks.

Was aber kann man tun, wenn man nicht gerade ein überflüssiges Sofa zur Hand hat?

Wenn Sie sich zum Beispiel einmal wieder ärgern, dass Sie den Zug zu Ihrem Termin verpasst oder nur im allerletzten Moment mit heraushängender Zunge erreicht haben, dann nehmen Sie in Zukunft doch einfach den vorhergehenden. Und folgen Sie, auch dann, wenn Sie keinen verbindlichen Termin haben, dem Ratschlag des Münchner Westentaschenphilosophen Karl Valentin: Schauen Sie am Morgen auf die Uhr und merken Sie sich die Zeit für den ganzen Tag. Dann haben Sie jene Zeit, die Sie sich so häufig wünschen, und darüber hinaus noch ein wenig mehr, um über die vielleicht wichtigste Frage im Leben nachzudenken: Was tue ich, wenn ich nichts tue?

Und noch etwas: Falls es Ihnen entfallen sein sollte, hier ein Hinweis, wie es mit der Langsamkeit auch abseits der Autobahn klappt: Das Langsame – und dieser Satz steht fest – ist stets das Schnelle, das man lässt!

Karlheinz A. Geißler,

geb. 1944, em. Professor für
Wirtschaftspädagogik in
München und Zeitforscher.
Mitgründer und Leiter des
Projekts „Ökologie der Zeit"
der Ev. Akademie Tutzing,
Mitgründer der Deutschen
Gesellschaft für Zeitpolitik,
Leiter des Instituts für Zeit-
beratung „timesandmore".
Er lebt seit 25 Jahren ohne
Uhr. Zahlreiche Publikationen.